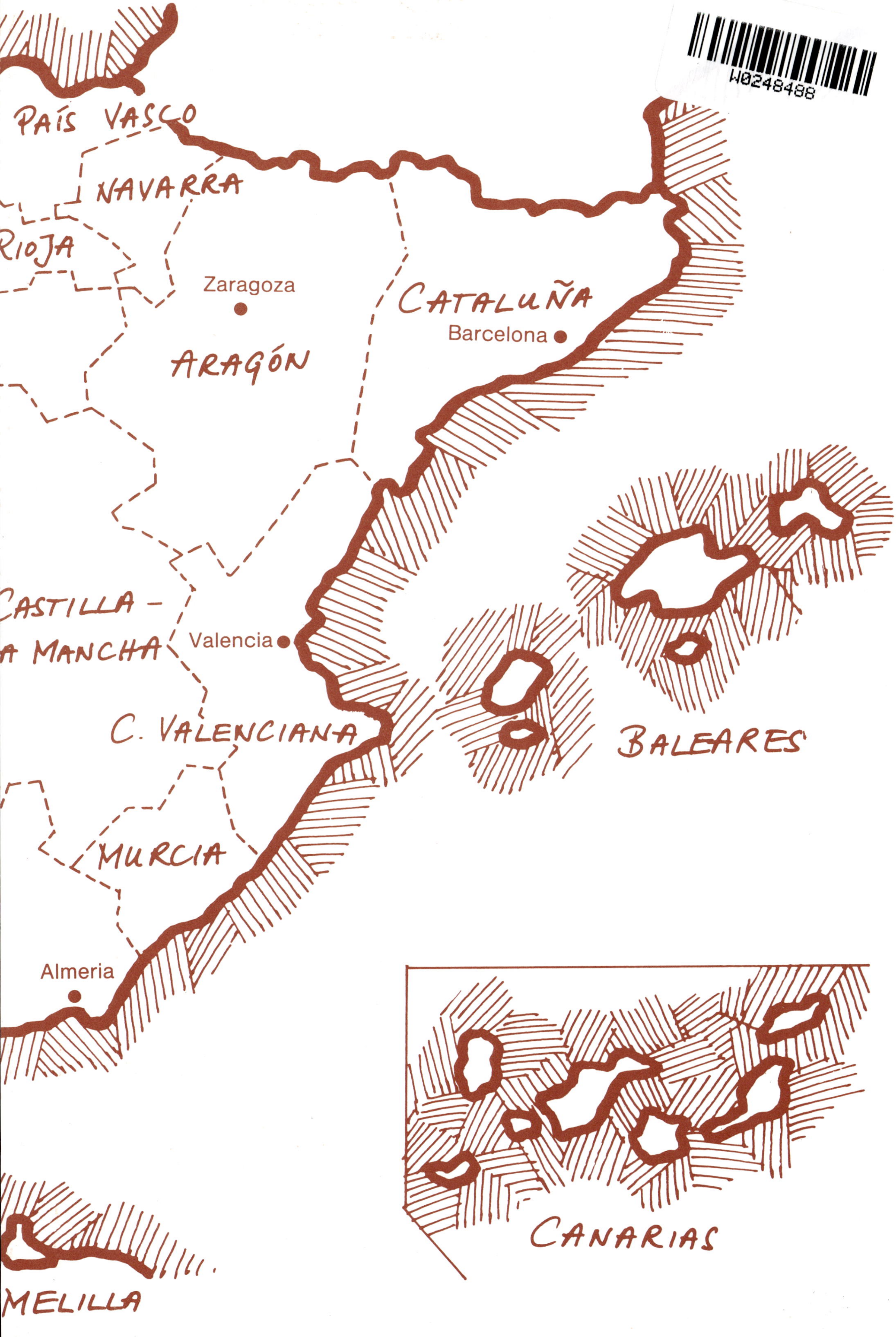
PAÍS VASCO
NAVARRA
RIOJA
Zaragoza
ARAGÓN
CATALUÑA
Barcelona
CASTILLA -
A MANCHA
Valencia
C. VALENCIANA
BALEARES
MURCIA
Almeria
CANARIAS
MELILLA

Mosaik

Néstor und Tin Luján

Spanien

Eine kulinarische Reise
durch die Regionen

Mosaik Verlag

Buchgestaltung: Hubertus von Baer, Freising
Redaktion: Tina Peters (Rezepte)
Jürgen Truöl (Einleitungstexte)
Dr. Friedhelm Mühleib (Seite 154–156)
Übersetzung: Brigitte Adorno

Fotos: A.G.E. Foto-Stock: S. 11, 16, 17, 33 (rechts oben und rechts unten), 34, 35 (beide), 45 (links), 59, 70/71, 80, 81, 92, 104, 106, 107, 108, 121, 122, 123, 134, 135, 148/149, 149 (oben); Alfa Omega: S. 12, 13, 19, 33 (links oben), 44, 45 (rechts), 58, 60/61, 68, 69, 80, 82, 82/83, 94, 108/109, 120, 122, 136/137, 149 (oben); Bedmar: S. 34, 71, 84; Gruner & Jahr, Banderob: S. 150/151, Bog v. d.: S. 47, Ruhde: S. 8/9; IFA-Bilderteam, Everts: S. 132/133, Lecom: S. 56/57; Studio Eising: S. 151; Klammet, Ohlstadt: S. 30/31, 42/43, 66/67, 78/79, 118/119; Helga Lade Fotoagentur, Bauer: S. 90/91, 144/145, Dr. Vogel: S. 2/3, Tschanz-Hofmann: S. 14/15; Paco Llobet: S. 20/21, 22/23, 24/25, 26/27, 29, 36/37, 38/39, 40/41, 48/49, 50/51, 53, 54/55, 62/63, 64, 72/73, 75, 86/87, 88/89, 96/97, 100/101, 102/103, 110/111, 113, 114/115, 124/125, 126/127, 128/129, 138/139; Mosaik-Verlag, Brauner: S. 95, 117; Presse-Agentur, Dukas: S. 141; Ogg: S. 61 (kleines Foto), 46

Der Mosaik Verlag ist ein Unternehmen
der Verlagsgruppe Bertelsmann

Satz: Filmsatz Schröter GmbH, München
Druck: EGEDSA, Barcelona
DBL – 16910 – 91
Printed in Spain
ISBN 3-576-07056-X

Inhalt

VORWORT

Ganz im Gegensatz zu den beiden anderen romanischen Küchen, der italienischen und der französischen, ist die Küche Spaniens in Deutschland bis heute fast unbeachtet geblieben. Bis vor wenigen Jahren war Spanien das Land des billigen Massentourismus. Was der Urlauber an Speisen vorfand, beschränkte sich meist auf die berühmten »Calamares a la romana« oder die »Paella«. Ursprüngliche Gerichte fand man nur, wenn man sich etwas abseits der großen Straßen hielt. Und auch dort waren es nur wenige Lokale, die authentische Gerichte anbieten konnten.

Heute hat sich dieses Bild weitgehend verändert. Der Massentourismus ist eher im Rückgang begriffen. Immer mehr Kunstfreunde besuchen die historischen Stätten und Bauwerke, Madrid und Barcelona sind mittlerweile Kristallisationspunkte moderner europäischer Kultur geworden. Und die Küchenchefs haben sich auf die alten Rezepte und Zubereitungsarten besonnen. Der Individualreisende, der heute nach Spanien kommt, findet vielerorts wieder jene Gerichte, die seit Menschengedenken in Spanien zubereitet werden. Sicherlich haben sich inzwischen die Zutaten verfeinert, sind auch die Rohstoffe ausgesuchter, aber noch immer ist der traditionelle Charakter erhalten.

Unter den wenigen Kochbüchern im nichtspanischen Markt über spanisches Kochen gibt es unseres Wissens keines, das von Spaniern geschrieben worden wäre. Meist waren es Nicht-Spanier, die die im Lande gesammelten Rezepte zusammenstellten. Es lag deshalb nahe, dieses Kochbuch einem spanischen Autorenteam zu überlassen.

Die Autoren Tin und Néstor Luján, beide leben in Barcelona, sind in Spanien bereits mehrmals als Autoren von Kochbüchern in Erscheinung getreten. Tin Luján leitete lange Jahre das traditionsreiche Restaurant »Agut d'Avignon« im Barrio Gótico von Barcelona. Néstor Luján gilt landesweit als einzigartiger Kenner der Kochkunst.

Néstor Luján ist seit vielen Jahren Mitherausgeber des Restaurantführers »Guía del Viajero«, veröffentlichte zahlreiche Kolumnen in der spanischen Presse zum Thema Kochkunst und gab vor 3 Jahren eine umfassende Geschichte der Gastronomie heraus. Einem breiten Publikum in Spanien ist er aber auch als Schriftsteller und Romancier bekannt.

Wie Néstor Luján in der Einleitung schreibt, gibt es sie nicht: die *spanische Küche. Spanien ist zu vielgestaltig, unterlag zu vielen unterschiedlichen geschichtlichen und kulturellen Einflüssen, als daß sich eine einheitliche Kochkultur hätte entwickeln können. Der Autor hat deshalb Spanien in zehn unterschiedliche kulinarische Regionen aufgeteilt. Jede Region erhält eine kleine allgemeine Einführung in die Besonderheiten der jeweiligen Küche. Dann folgt eine Auswahl von Rezepten der typischsten Gerichte.*

Wie jede Region ihren eigenen Charakter hat, hat sie auch neben den typischen Speisen eine einzigartige Spezialität. So etwa Galicien die »Mariscos« oder Krustentiere, La Rioja die Paprika. Diese Spezialität wird in jedem Kapitel vorgestellt.

Wer Rezepte über eine spanische »Nouvelle Cuisine« erwartet, wird die hier nicht finden, wer aber Authentisches aus Spaniens Küche sucht, kommt hier auf seine Kosten.

BLANC
ESCADOR
Perelada

KULINARISCHE VIELFALT

DIE KULINARISCHE VIELFALT SPANIENS

Spanien ist ein Land der Vielfalt und der Gegensätze. Klimazonen mit extremen Temperaturschwankungen durchziehen die 17 Regionen der Iberischen Halbinsel. In den nördlichen Gebirgsregionen kann es im Winter bis zu minus 25 Grad kalt werden. Im südlichen Andalusien steigt das Thermometer im Sommer sogar auf über 40 Grad an. Große Unterschiede kennzeichnen auch die Landschaften: die hochalpine, noch von Bären bewohnte Bergwelt in den Pyrenäen im Norden, weite Zuckerrohrplantagen, Salzgärten an der Küste bei Cadiz, rosafarbene Flamingos in unberührter Natur im Süden.

Spanien ist von drei Meeren umgeben: dem Mittelmeer, dem Atlantik und dem Kantabrischen Meer. Für sonnen- und badehungrige Feriengäste ist es zum beliebten Reiseziel geworden. Jahr für Jahr tummeln sich Millionen von Touristen an den Badestränden, auf den Inseln der Balearen oder Kanaren.

Nicht zuletzt unterscheiden sich auch die Menschen in Brauchtum, Kulturverständnis und Glaubensüberzeugungen voneinander. Je nachdem, ob sie im Süden oder Norden, auf dem Lande oder in Ballungsräumen wie Madrid oder Barcelona leben, haben die Bewohner ihre ganz ureigene Lebensweise geprägt. Es werden nicht weniger als vier Sprachen gesprochen: die Amtssprache »castellano« und die drei eigenständigen Sprachen Katalanisch, Baskisch und Galicisch.

So unterschiedlich wie Spaniens Landschaften und Menschen ist auch die Küche im Land. Für sie läßt sich eine einheitliche Definition nur schwer finden. Im Spanien des 17. bis 19. Jahrhunderts hat sich im Gegensatz zu Frankreich keine nationale Küche entwickelt. Auf jeden Fall ist sie aber die Summe verschiedener Regionalküchen, deren Vielseitigkeit durch unterschiedliche Entwicklungen geprägt wurde.

Wirtschaftlicher Mangel einerseits und Massentourismus andererseits haben die spanischen Restaurants zu Improvisationen gezwungen.

Abbildung Seite 8/9:
Ein mit Vorspeisen aus dem Meer gedeckter Tisch.

Abbildung rechts:
Myrtenhof der Alhambra.

AURORA

Irrtümlich glaubte man, die Besucher Spaniens würden einer original Spanischen Küche die Eßgewohnheiten ihrer Heimat vorziehen. Was dann da den Touristen präsentiert wurde, war oft nur ein langweiliges Einheitsessen oder allenfalls ein plumper Abklatsch iberischer Kochkunst. Die traditionelle Küche Spaniens hat darunter sehr gelitten.

Zu Beginn der 80er Jahre ist eine Art Gegenbewegung entstanden, die speziell die kulinarischen Traditionen in den einzelnen Regionen fördert. Heute kann jede Region den Reisenden, die original »spanisch« essen möchten, eine reiche Auswahl an Spezialitäten präsentieren.
Zur allgemeinen Charakterisierung der spanischen Küche heißt es: »Im Süden wird fritiert, in der Mitte gegrillt und im Norden gekocht.« Vor allem sind es die typischen Zutaten, die die Regionen voneinander unterscheiden. Sie haben aber auch viele Gemeinsamkeiten. Bestimmendes Element für die Küchen der an das Mittelmeer grenzenden Gebiete bis hinunter nach Andalusien ist vor allem Fisch. Aber auch Gemüse, Geflügel und besonders Reis, der wahrscheinlich von den Arabern nach Spanien gebracht wurde, sind Grundlage der spanischen Küche. Mehr als 365 verschiedene Reisgerichte kann man in den Kochbüchern auf der Iberischen Halbinsel finden. Es gibt aber noch weitere gemeinsame Merkmale: Zum Beispiel die Vorliebe, mit Olivenöl oder Schweineschmalz zu braten oder zu kochen. Im Gegensatz zu anderen Ländern wurde Butter in der spanischen Küche früher kaum verwendet.
Erst heute, durch den gemeinsamen Markt der EG, sind Butter und andere Speiseöle keine Außenseiter mehr.
Verbindendes Element aller spanischen Regionen ist auch die Vorliebe für »cocido«, ein Eintopfgericht. Dafür hat jede Region ihr eigenes Rezept entwickelt: Die Katalanen im Norden kombinieren in ihrer »escudella i carn d'olla« Geflügel, Rind- und Schweinefleisch mit verschiedenen Gemüsesorten und den typischen »butifarra«-Würsten. Letztere werden im »cocido madrileño« in Madrid durch »chorizo«, eine Paprikawurst, oder »morcilla«, Blutwurst, ersetzt. Der Kastilier bevorzugt für seinen »puchero« meist Lammfleisch, der Galicier hingegen bereitet seinen »pote gallego« mit Schweinefleisch zu. Der »cocido andaluz« aus Andalusien ist wiederum eine Abwandlung des kastilischen Eintopfs.

Letztlich sind es doch mehr die Unterschiede als die Gemeinsamkeiten, die das besondere der Spanischen Küche ausmachen. Der Reiz vieler Gerichte liegt in der Verwendung ganz bestimmter, oft nur in der jeweiligen Gegend erhältlicher Zutaten.
Die Rezepte in diesem Buch sollen die traditionellen und ursprünglichen Gerichte der Küche Spaniens vorstellen. Dafür haben wir speziell solche ausgewählt, bei denen die Beschaffung der Zutaten keine allzu großen Schwierigkeiten bereitet und die einfach nachgekocht werden können. Wir wünschen gutes Gelingen und »que aproveche« (guten Appetit)!

Abbildung links: Traditioneller Herd aus Aragón.

Das Kamel dient noch heute häufig als Zugtier.

Die Rezepte sind – soweit nichts anderes angegeben – für 4 Personen berechnet.

GALICIEN

GALICIEN

Im äußersten Nordwesten von Spanien liegt diese Region, die viel Interessantes zu bieten hat. Die Küste am Atlantik ist durch tief in das Land reichende Buchten von bizarrer Gestalt geprägt. Viele Flüsse und Hügelketten durchziehen das Landesinnere und lassen die Landschaft in kräftigen Farben erscheinen. Einst hatten die Kelten, Sueben und Römer das Land besessen. Und sogar noch heute gibt es Zeugnisse aus dieser Zeit – besonders im Bereich der Kultur. Die Galicier lieben ebenso wie ihre keltischen Vorfahren die Poesie und die Musik. Der Dudelsack ist dort so bekannt wie in Schottland oder Irland.
Und natürlich gibt es auch kulinarische Besonderheiten. Durch Galiciens Lage am Meer bietet diese Region eine Vielzahl an Fischen und feinen Meeresfrüchten: Lachs, Meerspinne, Auster, Steinbutt, Hummer, Neunauge und Tintenfisch, Entenmuscheln, Venusmuscheln, Miesmuscheln und Jakobsmuscheln.

Im Hinterland dagegen, bedingt durch sein feucht-kaltes Klima, sind eher die deftigen Gerichte typisch. Ihnen ist heute noch die feudale, klösterliche oder schlicht bäuerliche Herkunft anzumerken. Es gibt zum Beispiel: »lacón con grelos« *(gekochter, geräucherter Vorderschinken mit jungen Steckrübenblättern),* »empanadas« *(mit Fleisch oder Fisch gefüllte Pasteten),* »capones de Villalba« *(mit Branntwein gemästete Kapaune, die vor allem in der Weihnachtszeit serviert werden) und eine Vielzahl von* »potajes« *(Eintöpfe mit Gemüse, Fleisch und Fisch) wie zum Beispiel der* »caldo gallego«*, der früher den krönenden Abschluß winterlicher Eßgelage bildete. Nicht zu vergessen sind einige Spezialitäten mit Wild: Wildente »nach Art von Ribadeo«, geräucherte Wildschweinlende und Rebhuhnfrikassee.*

Ebenso findet man verschiedene Desserts und Feinbackwaren: Sehr beliebt sind »filloas«*, eine Art Pfannkuchen aus Mehl und Eiern, die heute mit Creme oder Sahne gefüllt werden. Früher wurden sie besonders gern zur Karnevalszeit gegessen und sogar mit Schweineblut zubereitet. Das sollte die der Fastenzeit vorausgehenden, ausgelassenen Feste symbolisieren. Mit Sahne schmecken die »filloas« bestimmt besser.*

Abbildung Seite 14/15:
Typische galicische Landschaft nahe Castro Caldas.

Abbildung links:
Muschelsucher am Strand von La Toja.

Abbildung rechts:
Der Apostel Jakob in der Kathedrale von Santiago de Compostela.

Meeresfrüchte – eine galicische Spezialität

Arabische Einflüsse fehlen in der Küche Galiciens völlig, denn die Mauren haben diesen herben Landstrich im äußersten Nordwestzipfel der Iberischen Halbinsel nie erreicht. Insofern unterscheidet sich der Speisezettel derjenigen spanischen Regionen, die dem Atlantik, dem Golf von Biskaya, zugewandt sind, sehr deutlich von den anderen Regionalküchen.

Die Qualität der spanischen Fische hat im allgemeinen einen sehr guten Ruf, besonders aber die der galicischen Krustentiere und Mollusken, wie zum Beispiel der Tintenfische. Meeresfrüchte prägen das kulinarische Angebot der galicischen Küche an der zerklüfteten Küste. Die sorgfältige Auswahl der Produkte bildet die Grundvoraussetzung für ein gelungenes Mahl. So wird auf den Fischmärkten von Vigo oder La Coruña genauestens unter die Lupe genommen, was sich die Galicier bei ihren ausgedehnten Abendessen im Familienkreis später schmecken lassen.

Beginnen wir mit »A« wie Austern. Sie wurden in Galicien schon immer sehr geschätzt und man hat bereits früh mit der Austernzucht begonnen. Anläßlich der 2000–Jahrfeier zur Gründung der Stadt Lugo machte man die erstaunliche Entdeckung, daß die noch existierende (und sehr gut erhaltene) Stadtmauer mit dem Mörtel aus Hunderten Tonnen von Austernschalen errichtet worden war. Es ist auch bekannt, daß schon im 18. Jahrhundert gebeizte Austern nach England exportiert wurden. Die gute Qualität der Austern war damals schon berühmt. Und auch heute können die galicischen Austern mit den besten der Welt konkurrieren.

Neben den Austern werden vor allem der Hummer, aber auch Langusten und Meerspinnen sehr geschätzt. Und schließlich die Jakobsmuscheln, die früher wegen ihres reichen Vorkommens immer ein Essen der armen Leute waren. Deshalb nannte man eine arme Herberge *»mesón de vieiras«* (Herberge der Jakobsmuscheln). Ein Galicier erinnert sich, daß seine Großmutter über einen armen Mann folgenden Ausspruch tat: »Armer Kerl, alles, was er zu essen bekommt, sind Jakobsmuscheln.« Inzwischen aber hat die Jakobsmuschel Karriere gemacht. Ein Gericht mit dieser Delikatesse zählt heute zum Besten und Teuersten, was die galicische Küche zu bieten hat. Nicht weniger hoch im Kurs steht eine *»percebada«*, ein Gericht mit Entenmuscheln, die gekocht und mit einer Messerspitze Rosenpaprika gewürzt werden. So gut war und ist die Qualität der Meeresfrüchte, so köstlich ihr natürlicher Geschmack, daß es weder den Fischern auf ihren Booten noch den Köchinnen am heimischen Herd eingefallen wäre, sich komplizierte Gerichte dafür auszudenken. Darum werden von jeher die Meerestiere am liebsten nur in Salzwasser gegart.

»El Pescador«, »Zum Fischer«: wer in Galicien Restaurants mit diesem Namen entdeckt, ist dort mit fast hundertprozentiger Garantie bestens aufgehoben.

Vor der nordspanischen Küste zeigt sich der Atlantik noch als reiche Schatzkammer, eine Fundgrube für den Feinschmecker: Krabben, Krebse, Langusten, Hummer, Jakobsmuscheln, Vongole, Thunfische, Tintenfische – eine größere Fülle von Meeresfrüchten als in Galicien findet man in Europas Meeren nicht so leicht wieder. Verständlich also, daß gerade die Galicier Meister der Meeresfrüchte-Küche sind.

Natürlich spielt bei der Zubereitung Koblauch eine große Rolle, doch auch Schnittlauch, Pfeffer, Thymian und Rosmarin, Zitrone und Safran lassen den Geschmack der Fische und Muscheln zur vollen Entfaltung kommen,

Unter lebensgefährlichen Bedingungen werden die Entenmuscheln von den scharfkantigen Klippen der galicischen Küste abgelöst.

ohne ihn jedoch zu überdecken. Und wie anregend, wenn dazu ein frischer Penedès, jener Weißwein aus dem katalonischen Anbaugebiet südlich von Barcelona, über die Zunge rollt.
Kulinarische Genüsse in Galicien haben entlang der Küste immer mit dem Meer zu tun, ohne daß sie ihre Bodenständigkeit verleugnen würden. Der deftige Charakter dieses Landstriches findet sich auch auf dem Teller wieder.

ENSALADA DE LUBRIGANTE CON BERROS

Hummersalat auf Kresse

Der Hummer ist der König der galicischen Krustentiere. In Kombination mit einem Kressesalat kommt sein exquisites Fleisch besonders gut zur Geltung.

2 Hummer, je 600 g
3 Bund Brunnenkresse
2 weiße Rüben
8 Radieschen
1 Knoblauchzehe
Salz
4 Blätter Minze
Saft von 1 Zitrone
⅛ l Öl
4 EL Fischfond (aus dem Glas)

Wein: ein leicht perlender, junger Weißwein, z. B. Penedès, Albariño, Cava

Reichlich Salzwasser zum Kochen bringen. Die Hummer nacheinander darin einmal aufkochen, dann herausnehmen und abkühlen lassen. Das Hummerfleisch mit einem Messer aus Panzer, Kopf und Scheren lösen und in Scheiben schneiden.
In einem Mörser den geschälten Knoblauch, drei Prisen Salz und Minzeblätter fein zerstoßen. Nacheinander Zitronensaft, Öl und Fischfond hinzufügen und zu einer Marinade verrühren.
Die Kresse waschen und auf einer Platte anrichten. Die weißen Rüben und Radieschen in Scheiben schneiden und darüber verteilen. Das Hummerfleisch auf dem Salatbett anrichten und mit der Marinade übergießen. Den Hummersalat noch 10 Minuten ziehen lassen.

CALDO GALLEGO

Galicischer Suppentopf

Für den »caldo gallego« gibt es zwei verschiedene Arten der Zubereitung: Entweder vorwiegend vegetarisch mit Kohl, dicken Bohnen, Kartoffeln, grünen Bohnen, Kürbis, weißen Rüben und deren zarten grünen Blättern. Zusätzlich zum Gemüse gibt man noch Knochen und Bauchspeck in die Brühe. Wer es deftiger liebt, kocht den »caldo gallego« mit verschiedenen Zutaten vom Schwein wie Schwanz, Ohr und Haxe, oder auch mit den würzigen galicischen Paprikawürsten.

Für 10 Personen:

100 g weiße Bohnen
den Knochen einer Schweinshaxe
1 Kalbsknochen
Salz
1 kg Kartoffeln
4 weiße Rüben mit Blättern
25 g Bauchspeck

Wein: ein leichter Rotwein, z. B. Valdepeñas, Almansa, Valencia

Die Bohnen über Nacht in kaltem Wasser einweichen. In einem großen Topf Suppenknochen und Bohnen mit 1½ Liter Wasser und einer Prise Salz aufsetzen. Kartoffeln und Rüben schälen und würfeln. Die Rübenblätter beiseite legen. Sobald die Bohnen halbweich gekocht sind, die Knochen herausnehmen und Kartoffeln und Rüben hinzufügen. Weiterkochen, bis alles weich ist.
Inzwischen in einem zweiten Topf die Rübenblätter in gesalzenem Wasser kurz blanchieren. Wasser abgießen und die Rübenblätter zusammen mit dem Bauchspeck in den Suppentopf geben. Alles noch 20 Minuten sanft weiterkochen. Dann kräftig abschmecken.

RAPE A LA GALLEGA

Seeteufel mit Kartoffeln und Knoblauchsauce

1 kg Seeteufel, küchenfertig
Salz
2–3 Zwiebeln
10–12 Lorbeerblätter
800 g Kartoffeln
¼ l Öl
2 Knoblauchzehen
½ EL Rosenpaprika
1 Prise scharfer Paprika
1 Schuß Essig

Wein: ein kräftiger, trokkener Weißwein, z. B. Rioja, La Mancha

Den Seeteufel waschen, in Scheiben schneiden und mit Salz würzen. Die Zwiebeln schälen. Ein Stück Zwiebel für die Knoblauchsauce hacken und beiseite legen. Übrige Zwiebeln in Ringe schneiden. Kartoffeln schälen und in einem großen Topf in wenig Salzwasser knapp weichkochen. Die Seeteufelscheiben mit Zwiebelringen und Lorbeerblättern belegen und auf den Kartoffeln verteilen. Dann im geschlossenen Topf noch 5 Minuten schwach kochen lassen.
Inzwischen die Knoblauchsauce vorbereiten. Dafür Knoblauch schälen, fein hacken und zusammen mit der gehackten Zwiebel und einem Lorbeerblatt in dem Öl goldgelb dünsten. Von der Herdplatte nehmen und abkühlen lassen. Dann mit Paprikapulver und Essig würzen. Fisch und Kartoffeln auf einer Platte anrichten und mit der Knoblauchsauce übergießen.

MEJILLONES AL VINO BLANCO

Miesmuscheln in Weißweinsauce

Für 6 Personen:

3 kg Miesmuscheln
½ TL Salz
3 Knoblauchzehen
1 Bund Petersilie
1 Glas Weißwein

Wein: ein trockener Weißwein, der möglichst auch zur Zubereitung der Miesmuscheln verwendet werden sollte, z. B. Penedès oder Cava

Die Miesmuscheln waschen und gut säubern. (Schon offene Muscheln müssen weggeworfen werden!) In einem großen Topf ⅜ Liter Wasser mit dem Salz aufkochen. Die Muscheln zufügen und den Topf mit einem Deckel verschließen. Die Muscheln je nach Größe 3–8 Minuten dämpfen, bis sich alle geöffnet haben. Noch geschlossene Muscheln wegwerfen. Dann das Muschelwasser durch ein Sieb in eine Schüssel abgießen und für die Sauce aufbewahren.
Knoblauch schälen und fein hacken. Petersilie waschen, trockenschütteln und ebenfalls fein hacken. Das Öl in einem Schmortopf erhitzen. Knoblauch und Petersilie darin glasig dünsten. Wein und Muschelbrühe angießen und fünf Minuten unter mehrmaligem Umrühren weiterschmoren. Dann die Muscheln hinzufügen und alles zusammen noch einmal kurz aufkochen. Muscheln mit dem Weinsud auf 6 Schüsseln verteilen und darin servieren.

SALMÓN A NOSO ESTILO

Galicischer Lachs

Für 6 Personen:

1,5 kg Lachsfilet
150 g weiche Butter
300 g Champignons
1 Glas trockener Sherry (fino)
einige Tropfen Tabasco
Saft von 1 Orange
Salz
6 Scheiben roher Schinken

Wein: den edelsten trokkenen Weißwein aus dem Weinkeller, z. B. aus Albariño, Rueda

Den Lachs waschen und in 6 gleichgroße Portionen schneiden. Dann 6 große Stücke Alufolie auf einer Seite mit der Butter bestreichen (dabei aber einen Rand freilassen). Die Lachsstücke salzen und auf die gebutterte Folie setzen. Die Champignons mit Küchenkrepp abreiben und die Stielenden abschneiden. Pilze kleinschneiden und auf die Lachsscheiben verteilen. Mit Sherry, Tabasco und Orangensaft beträufeln und salzen. Je eine Scheibe Schinken auf den Lachs legen. Die Alufolien zu Päckchen verschließen und nebeneinander auf ein Blech setzen. Das Blech auf mittlerer Höhe in den 200 Grad heißen Ofen schieben und den Lachs 25 Minuten backen. Die Alupäckchen oben aufschneiden und den Lachs in der Folie servieren.

REO CON ALMEJAS

Meerforelle mit Venusmuscheln

Meerforellen werden vor allem in den »rías«, trichterförmigen Flußmündungen, der nordwestspanischen Region gefangen.

1 große, küchenfertige Meerforelle, ca. 1 kg schwer
1 EL Butter
4 EL Öl
2 Knoblauchzehen
Salz
2 Glas Albariño-Wein
1 kg Venusmuscheln
1 Bund Petersilie

Wein: ein kräftiger, trokkener Weißwein, z. B. Valdepeñas, La Mancha

Die Meerforelle gleich beim Fischhändler entgräten und enthäuten lassen. Dann den Fisch in 4 Stücke schneiden. Butter und Öl in einer Pfanne erhitzen und darin den Fisch beidseitig leicht anbraten. Knoblauch schälen, sehr fein hacken und zusammen mit 2 Prisen Salz, dem Wein und den gesäuberten Muscheln hinzufügen. Bei kleiner Hitze dünsten, bis sich die Muscheln geöffnet haben. Vor dem Servieren mit gehackter Petersilie bestreuten.

VIEIRAS CON COL

Kohl mit Jakobsmuscheln und Schalottenbutter

16 frische Jakobsmuscheln
1 kg Weißkohl
250 g Butter
50 g Schalotten
5 cl trockener Weißwein
1 EL Öl
Salz
Pfeffer
1 Bund Petersilie

Wein: ein leicht perlender, junger Weißwein

Die Jakobsmuscheln schon beim Fischhändler öffnen lassen. Dann das Muschelfleisch vorsichtig auslösen, waschen und auf saugfähigem Küchenpapier gut abtropfen lassen.
Den Kohl vierteln, waschen und den Strunk entfernen. Dann den Kohl in feine Streifen schneiden und in einen Topf geben. Leicht salzen, 100 g Butter zufügen und den Topf schließen. Den Kohl weichdünsten. Von Zeit zu Zeit das Gemüse vorsichtig wenden, mit Salz abschmecken.
Die Schalotten schälen, hacken und in Weißwein erhitzen, bis dieser völlig verdampft ist. Die restliche Butter in einem Topf zerlassen, Schalotten hinzufügen und bei ganz schwacher Hitze 10 bis 15 Minuten weitergaren. Mit Salz und Pfeffer würzen und zugedeckt warm stellen. Den Grill vorheizen. Die Jakobsmuscheln einölen (damit sie nicht festkleben), auf den Grillrost legen und unter den Grill schieben. Nach 2 Minuten vorsichtig umdrehen und weitere 2 Minuten grillen. Den Grill ausschalten.
Den Kohl auf vier ofenfeste Teller verteilen und je 4 gegrillte Muscheln daraufgeben. Die Teller noch für 1 Minute in den heißen Ofen stellen.
Vor dem Servieren mit Petersilienblättern garnieren. Dazu die Schalottenbutter reichen.

EMPANADA GALLEGA

Pastete mit Jakobsmuscheln

Die Pasteten werden aus einem ganz einfachen Brotteig hergestellt.

Für 8 Personen:

¼ l Milch
1½ Würfel frische Hefe
100 g weiche Butter
1 TL Salz
1¼ kg Mehl
4 Eier
¼ l Öl
2 Knoblauchzehen
2 Lorbeerblätter
5 Zwiebeln
3 grüne Paprikaschoten
3 rote Paprikaschoten
1 Prise Safran
2 Tomaten
Fleisch von 3 Dutzend Jakobsmuscheln
1 Ei zum Bestreichen

Wein: ein leichter Rotwein, z. B. Navarra, Ampurdán

Milch und ¼ Liter Wasser leicht anwärmen. Die Hefe zerbröckeln und zusammen mit Butter und Salz in eine Schüssel geben und gut verrühren. Dann das Mehl und die Eier hinzufügen und alles zu einem glatten Teig verarbeiten. Die Schüssel mit einem Tuch zudecken und den Teig 30 Minuten gehen lassen.
Inzwischen die Füllung zubereiten. Dafür ¼ l Öl mit den in dünne Scheiben geschnittenen Knoblauchzehen und den Lorbeerblättern in einem Schmortopf goldgelb dünsten. Zwiebeln und Paprikaschoten fein hacken, hinzufügen und 20 Minuten weiterschmoren. Tomaten hacken, unterrühren und mit Salz und Safran würzen.
Den Teig ausrollen und die Hälfte davon auf ein gefettetes Backblech legen. Die Füllung und das Jakobsmuschelfleisch darauf verteilen und mit der zweiten Teigplatte bedecken. Die oberen und unteren Ränder gut zusammendrücken und die Pastete mit verquirltem Ei bestreichen.
Im auf 250 Grad vorgeheizten Ofen etwa 15 Minuten backen.

LACÓN CON GRELOS

Schweinshaxe mit jungen Rübenblättern

»Lacón« ist eine Art gesalzene, luftgetrocknete Schweinshaxe, die vor dem Kochen 24 Stunden gewässert wird. Bei den »grelos« handelt es sich um die jungen Blätter der weißen Rübe, die geerntet werden, sobald sie keimen. Dieses traditionelle Gericht aß man früher vor allem im Winter zwischen Sankt Martin im November und Karneval im Februar.

Für 6 Personen:

1 kg gesalzene, luftgetrocknete Schweinshaxe (diese und die folgenden Zutaten vom Schwein beim Metzger vorbestellen)
250 g gesalzenes Schweineohr
250 g gesalzene Schweinebacke
1½ kg Rübenblätter
600 g Paprikawurst
12 mittelgroße Kartoffeln

Wein: ein kräftiger Rotwein, z. B. Priorato, Ribera del Duero

Schweinshaxe, Schweineohr und Schweinebacke 24 Stunden wässern. Mit dem Messer abschaben, gründlich waschen und in reichlich Wasser ca. 90 Minuten weich kochen. Das Fleisch aus dem Topf nehmen, kleinschneiden und in einer Schüssel mit etwas Brühe übergießen und warm halten.
Die Rübenblätter waschen, kleinschneiden und 5 Minuten in kochendem Salzwasser garen. Das Wasser abgießen und die Rübenblätter kurz abspülen. Gut abtropfen lassen und zusammen mit der Paprikawurst und den Kartoffeln zur Brühe in den Topf geben. Mit Salz abschmecken und das Gemüse bei schwacher Hitze weichkochen. Den Topf von der Herdplatte nehmen und das Gericht im geschlossenen Topf 30 Minuten nachgaren lassen.
Dann die Brühe in eine Schüssel abgießen. Fleisch und Gemüse auf einer großen Platte folgendermaßen anordnen: die Zutaten vom Schwein in die Mitte auf die Rübenblätter geben und die Kartoffeln und die in Scheiben geschnittene Paprikawurst kranzförmig herumlegen. Man kann auch das Gemüse vom Fleisch getrennt servieren.

Tip:
Wahrscheinlich ist es schwierig, junge Rübenblätter in der Menge wie in diesem Rezept angegeben, bei uns zu bekommen. Wenn man Glück hat, gibt es sie auf dem Wochenmarkt oder bei einem guten Gemüsehändler. Falls es Ihnen also nicht gelingt, sie zu bekommen, dann nehmen Sie die gleiche Menge weiße Rüben (mit Blättern natürlich) und noch zusätzlich reichlich Petersilie.

CONEJO CON CASTAÑAS

Kaninchen mit Kastanien

Die Kastanie gehörte früher zu den wichtigsten Nahrungsmitteln der Galicier. Besonders gerne wurde sie zu Wildgerichten oder Hauskaninchen gereicht.

Für 6 Personen:

500 g rohe Eßkastanien (Maronen)
2–3 EL Öl
2 Kaninchen
2 Knoblauchzehen
250 g roher Schinken
1 Zwiebel
2 Karotten
einige Safranfäden
1 Glas Cognac
1 Glas trockener Sherry
1 EL Butter
2 EL Mehl
Stärkemehl
Salz

Wein: ein Rotwein »de reserva«, d. h. ein Qualitätswein mit mindestens 3jähriger Reifung, davon 1 Jahr in Eichenfässern, z. B. Ribera del Duero, Rioja

Die ungeschälten Kastanien mit einem spitzen Messer einschneiden und 5 Minuten in Wasser kochen. Dann die braune Schale und die innere Haut entfernen. Die Kastanien mit Salzwasser bedeckt noch 30 bis 40 Minuten weiterkochen.
Kaninchen in je 6 Teile zerlegen. Öl in einem Schmortopf erhitzen und die Kaninchenteile portionsweise mit einer geschälten Knoblauchzehe goldgelb andünsten. Den Schinken kleinschneiden. Zwiebel schälen und hacken. Karotten putzen und ebenfalls hacken. Alles zusammen mit den Safranfäden und der zweiten Knoblauchzehe zum Kaninchen in den Topf geben. Butter in einem kleinen Topf schmelzen und das Mehl einstreuen. 1 Tasse Wasser angießen und die Mehlschwitze unter Rühren aufkochen. Nun Cognac, Sherry und die helle Mehlschwitze hinzufügen. Wenn nötig, die Sauce noch mit etwas Stärkemehl andicken. Ca. 40 Minuten weiterschmoren, mit Salz würzen und zusammen mit den Kastanien servieren.

FILLOAS

Galicische Pfannkuchen

Für den Teig:
½ l Milch
250 g Mehl
6 Eier
50 g weiche Butter
abgeriebene Schale von
1 unbehandelten Zitrone
Öl zum Ausbacken
Für die Füllung:
6 Eigelb
100 g Zucker
50 g Mehl
¼ l Milch
1 Zimtstange
etwas abgeriebene Schale
von 1 unbehandelten
Zitrone
Zucker und Zimt zum
Bestreuen

Wein: ein besonders alkoholreicher (bis 23°) edler Dessertwein oder ein Rosé-Schaumwein, z. B. Jerez oloroso

Aus Milch, Mehl, Eiern, Butter und Zitronenschale einen dünnflüssigen Pfannkuchenteig rühren. Am besten die Zutaten nach und nach unterrühren, dann gibt es keine Klümpchen. Den Teig zugedeckt 30 Minuten quellen lassen. Nochmals durchrühren, dann in einer beschichteten Pfanne in heißem Öl sehr dünne Pfannkuchen backen.
Für die Cremefüllung Eigelb und Zucker in einer Schüssel schaumig rühren. Mehl mit etwas Milch verquirlen. Den Rest der Milch zusammen mit der Zimtstange und der Zitronenschale einmal aufkochen, die Mehlmasse unterrühren und nochmals aufwallen lassen. Die Milch durch ein Sieb zu der Eier-Zucker-Masse gießen und bei kleiner Hitze mit dem Schneebesen zu einer glatten Creme verrühren. Die Pfannkuchen damit füllen und mit Zimt und Zucker bestreuen. Gleich servieren.

M-879776
PALOMARINA
GI-A-1379

ASTURIEN UND KANTABRIEN

ASTURIEN UND KANTABRIEN

Sie gehören zu den landschaftlich schönsten Regionen in Spanien: Asturien und Kantabrien, zwischen dem Baskenland und dem Golf von Biskaya gelegen. An der fast 300 Kilometer langen Küste von Asturien findet man traumhafte Buchten, Badestrände und zerklüftete Felslandschaften. Auch Kantabrien besitzt kilometerlange Badestrände und ist ein begehrtes Ferienziel der Spanier aus den Landesteilen, die im Sommer von brütender Hitze heimgesucht werden. Hinter dem Küstenstreifen liegt, von einer Gebirgskette getrennt, das fruchtbare grüne Hinterland.

Obwohl die beiden Regionen eine unterschiedliche Entwicklung in Politik, Geschichte und Sozialem erfahren haben, weisen ihre Küchen viele Gemeinsamkeiten auf.

Das populärste Gericht in Asturien ist die »fabada«, *ein deftiger Eintopf aus weißen Bohnen, Zwiebeln, Schweinshaxe, Schinkenspeck, Blut- und Paprikawürsten. Für Liebhaber von Muscheln gibt es die »fabada« auch in abgewandelter Form, nämlich mit Venusmuscheln. Überhaupt versteht sich die asturische Küche auf Fischspezialitäten. Ebenso berühmt wie die »fabada« ist die* »caldereta de pescado«, *die eine bunte Auswahl an kantabrischen Fischen enthält. Zu den Delikatessen des Hinterlandes zählen geschmortes Ochsenfleisch, Kutteln und eine ganze Reihe asturischer Wurstsorten, zum Beispiel Paprikawürste oder Blutwürste.*

Das Nationalgetränk der Asturier ist die aus Äpfeln gewonnene »sidra«. *Frisch und spritzig, ist dieser Apfelwein nicht nur zum Trinken gut, sondern auch zum Kochen: »merluza a la sidra« (Seehecht in Apfelweinsoße) ist eine ideale Ergänzung zur deftigen »fabada«.*

Auch in Kantabrien kocht man vorzügliche Fischgerichte: zum Beispiel »sardinas en cazuela de Laredo« *(geschmorte Sardinen nach Art von Laredo) oder »rabas de Santander« (Tintenfische à la Santander), deren Rezept noch aus dem Mittelalter stammt. Im Hinterland von Kantabrien sind ebenfalls Kutteln beliebt,* »callos a la Montanesa«, *mit roten Paprikaschoten in Weinsoße. Außerdem:* »pollo campurriano« *(Hähnchen mit Reis und Paprikaschoten) oder* »habas a la manera del país« *(dicke Bohnen mit Schinken und Zwiebeln).*

Im Gegensatz zu vielen anderen spanischen Regionen hat Kantabrien die Butter als Speisefett schon immer sehr geschätzt. Das ist nicht verwunderlich, denn Kantabrien hat eine bedeutende Vieh- und Milchwirtschaft. Deshalb gibt es hier auch ein ganz besonderes Reisgericht, das mit frischem Lachs, Milch und Butter zubereitet wird: »arroz a la santanderina«.

Abbildung
Seite 30/31:
Typisches kantabrisches Fischerdorf.

Abbildung
links oben:
Die Sidra schäumt besonders gut, wenn sie aus großer Höhe eingeschenkt wird.

Abbildung
rechts oben:
Sotres im Valle de las Monetas de Cantabria.

Abbildung unten:
Maiskolben werden vor dem Haus an einem geschützten Ort zum Trocknen aufgehängt.

Fische aus dem Atlantik
Käse aus den Bergen

Der Kamm des Kantabrischen Gebirges trennt Asturien deutlich und unübersehbar von den Provinzen León und Altkastilien, die einen ganz anderen, binnenländischen Charakter haben als der dem Atlantik zugewandte Teil Spaniens. Der Golf von Biskaya zeigt sich freilich nicht süßlich-südlich, sondern – vor allem zu Zeiten der Herbststürme – als Inbegriff ungezähmter, unbezähmbarer Natur.
Kein Wunder, daß die Bewohner Asturiens und Kantabriens eher von ernstem denn von überschwenglichem Temperament sind. Sie stellen kein leichtlebiges Völkchen dar, wie es ihren mediterranen Landsleuten zumeist nachgesagt wird. Die Beziehung zur Natur, ihre Verbindung mit den Erd- und Wasserkräften, prägt folgerichtig auch die Küche Asturiens und Kantabriens.
Kulinarisch haben diese beiden Gebiete zwei verschieden Wurzeln: hier der Fischer, dort der Jäger, Bauer und Viehzüchter.

Der Fischreichtum des Atlantiks und des Kantabrischen Meeres hat auch die Kochkunst der im Landesinneren gelegenen spanischen Regionen stark mitgeprägt. Jahrhundertelang konnten die Fische nur zur kalten Jahreszeit von Maultiertreibern auf dem Rücken ihrer Lasttiere nach León, Kastilien, La Rioja oder Navarra gebracht werden. Erst heute ist die Versorgung dieser Gebiete mit Fisch durch moderne Kühl- und Transporttechniken unproblematisch und das ganze Jahr über möglich.

Wenn es ein Symbol der nordspanischen Fischküche gibt, dann ist es ganz sicher der Seehecht und besonders, wenn er nicht mit dem Netz , sondern mit der Angel gefischt wird. In Asturien, Kantabrien und auch im Baskenland wird der Seehecht als König unter den Fischen gefeiert. Und königlich schmeckt er sowohl an der Küste als auch im Landesinneren, ganz besonders in Burgos, wenn man ihn als panierte und in erstklassigem Öl fritierte Seehechtscheiben serviert bekommt. Nicht weniger köstlich sind die Varianten: *»merluza en salsa verde«* (Seehecht mit Knoblauch-Petersiliensauce), *»merluza en salsa roja«* (Seehecht mit Zwiebeln, Paprikapulver, Knoblauch und Wein), oder *»merluza al pil pil«*, einer vorwiegend baskischen Zubereitungsart, bei der der Seehecht ganz langsam in Öl und Knoblauch gegart wird.

Aber damit nicht genug. Der Seehecht ist nur der bedeutendste Repräsentant der großen Welt des Kantabrischen Meeres. Doch der Ruhm der Fischgerichte aus den nördlichen Regionen Spaniens bezieht sich nicht nur auf Seehechtgerichte, sondern auf eine bunte Vielfalt an Meeresfischen und -früchten: Seebrassen, junge Sardellen, Rochen, Seezungen, Flügelbutten, rote und weiße Thunfische, Sardinen und Zahnbrassen, Heilbutt, Seewolf, Tintenfisch und Steinbutt, Austern, Krebse, Krabben und Garnelen. Zubereitet übertreffen sie bei Feinschmeckern alle anderen Spezialitäten der Iberischen Halbinsel. Dies kommt nicht von ungefähr, denn französische Einflüsse – aus der Bretagne und der Normandie – lassen sich erfreulicherweise aus vielen Spezialitäten herausschmecken und geben dem »Seegetier« eine besondere Note.

Asturien ist aber angesichts der weiten, wilden Weiden in den wunderbaren Gebirgswelten, nicht nur ein Paradies für Fischspezialitäten, sondern gleichermaßen ein Käse-Eldorado. Schon die Namen der asturischen Käsespezialitäten zergehen auf der Zunge: »afuega el Pitu« heißt der Kuhmilch-Käse aus Oviedo, ein anderer wohlschmeckender Käse ist der »gamoneda«, der von den Bauern aus Kuh-, Ziegen- und Schafmilch hergestellt wird. Der »Gamoneda« ist genauso berühmt wie der an einen Roquefort erinnernde »calabrés«. Der scharfe Calabres schmeckt am besten, wenn er ein halbes Jahr reifen konnte. Das Geheimnis dieses asturischen Höhlenkäses sollen übrigens französische Mönche auf ihrer Pilgerfahrt nach Santiago di Compostela im 17. Jahrhundert gelüftet und über die Pyrenäen »exportiert« haben.

Ob zu einem opulenten Fischessen, dem Eintopf »Fabada« oder einem »queso de Beyos«: eine »sidra« paßt bestens dazu. Dieses asturische Nationalgetränk ist mit dem cidre aus den (fast) benachbarten französischen Regionen, der Bretagne und Normandie, verwandt. Diese haben auch landschaftliche Parallelen zu Spaniens Norden aufzuweisen.

Achten Sie bei einem Asturien-Besuch einmal darauf, wie ein Ober die Sidra, den leicht vergorenen Apfelsaft, ins Glas schüttet. Sie wird nämlich nicht wie ein gewöhnliches Getränk nur eingeschenkt, sondern der Strahl ergießt sich aus dem Behälter mit schwungvollem Bogen und aus einiger Distanz. Dies kommt zwar auch der Vorliebe mancher Spanier für theatralische Gesten entgegen, hat aber durchaus einen praktischen Sinn: wenn die Sidra an den Glasrand prallt, bildet sich Schaum – und der ist erwünscht. Fast könnte man sagen, daß die Sidra das ideale Getränk an den nordspanischen Küsten ist: dort geht es ganz schön herb zu, und schaumgekrönte Brecher sind an der Tagesordnung.

Welche Wucht die Stürme des Golfes von Biskaya entfalten können, kann man eindrucksvoll in den Häfen erkennen. Die von Wind und Wasser zerschundenen Fischkutter zeigen, genauso wie ein Blick in die Netzhalle, wo in mühsamer Handarbeit die zerrissenen Netze geflickt werden, daß mit dem Atlantik nicht zu spaßen ist.

Abbildung Seite 34:
Per Heckschlepper mit Schleppnetz werden die Fische im Atlantik gefangen.

Abbildung links:
Am Hafen können die besten Fische fangfrisch auf der Versteigerung ergattert werden.

Abbildung links unten:
Auf dem Schiff werden die Fische sofort nach dem Fang sortiert.

Abbildung unten:
Der erfolgreiche Fang wird mit dem Schleppnetz eingeholt.

FABADA ASTURIANA

Asturischer Bohnentopf

»Fabada« ist abgeleitet von »fabe«, der großen, weißen, asturischen Bohne. Der weithin berühmte asturische Bohnentopf ist ein uraltes Rezept. Seine Grundlage sind getrocknete weiße Bohnen, wie beim französischen »cassoulet«. Heute bereitet man die »fabada« anstelle von Schweinefleisch auch vielfach mit Hase, Wachtel und vor allem mit Venusmuscheln zu, was eigentlich die Tradition bricht. Denn gerade für die Iberische Halbinsel ist die Kombination von getrockneten Hülsenfrüchten und Schweinefleisch besonders typisch.

Für 6 Personen:

1 kg luftgetrocknete, gesalzene Schweinshaxe (gesalzene und gepökelte Zutaten rechtzeitig beim Metzger bestellen!)
500 g luftgetrocknetes, gesalzenes Rindfleisch
1 gepökeltes Schweineohr
1 gepökelter Schweinefuß
1 kg große, frische weiße Bohnen
1 kleine Knoblauchzehe
1 Lorbeerblatt
250 g Blutwurst
3 Paprikawürste

Wein: ein kräftiger Rotwein, z. B. aus Jumilla, Campo de Borja

Die gepökelten Zutaten ca. 12 Stunden lang wässern. Dabei mindestens einmal das Wasser wechseln. Das Fleisch in einem Topf mit Wasser bedeckt aufsetzen, mit einem Deckel verschließen und bei schwacher Hitze weich kochen. Nach etwa 1 Stunde Kochzeit die zuvor in kochendem Wasser ca. 3 Minuten lang blanchierten weißen Bohnen zum Fleisch in den Topf geben. Geschälten Knoblauch und Lorbeerblatt hinzufügen. Dann etwa 1 Stunde lang im geschlossenen Topf bei schwacher Hitze weiterkochen. Kurz bevor die Bohnen weich sind, die Blut- und Paprikawurst zufügen. Das Gericht salzen und so lange weitergaren, bis die Bohnen sehr dick und weich sind.

Wenn Sie getrocknete weiße Bohnen verwenden (für dieses Rezept 500 g), dann müssen diese über Nacht in kaltem Wasser eingeweicht werden. Das Blanchieren fällt dann weg.

MERLUZA A LA SIDRA

Seehecht in Apfelweinsauce

1½ kg Seehecht, küchenfertig
Salz
200 g Mehl
½ l Öl
500 g Kartoffeln
3 große Zwiebeln
3 Knoblauchzehen
500 g Tomaten
Rosenpaprika
1 Glas herber Apfelwein
1 Dutzend Venusmuscheln

Wein: ein Apfelwein (Sidra), möglichst aus Asturien, denn dort ist die »sidra«-Herstellung eine Spezialität.

Seehecht in Scheiben schneiden, salzen, in Mehl wenden und in einer Pfanne mit heißem Öl von beiden Seiten braten. Die Kartoffeln schälen, in dünne Scheiben schneiden und ebenfalls in Öl fritieren. In eine Auflaufform zuerst die Kartoffeln, dann die Seehechtscheiben schichten. In dem übrigen Öl die Zwiebeln und Knoblauchzehen anbräunen, Tomaten und 1 Prise Rosenpaprika hinzufügen. Alles gut miteinander verrühren. Nun den Apfelwein angießen und die Pfanne sofort vom Feuer nehmen. Die Sauce salzen, durch ein Sieb streichen und über Kartoffeln und Seehechtscheiben gießen. Mit den Venusmuscheln garnieren und 10 Minuten im auf 200 Grad vorgeheizten Ofen überbacken.

TRONCO DE MERLUZA

Seehecht mit Muscheln

1½ kg Seehecht, aus der Mitte geschnitten, küchenfertig
Salz
100 g Mehl
Öl
¼ l Fischfond (aus dem Glas)
600 g Venusmuscheln
2 Knoblauchzehen
½ Bund Petersilie

Wein: körperreicher, trockener Weißwein, z. B. Alella, Costers del Segre

Den Seehecht in 4 Teile zerlegen, salzen, in Mehl wenden und in mäßig heißem Öl anbraten. Fischfond angießen. Die gewaschenen Venusmuscheln, geschälten Knoblauch und gehackte Petersilie hinzufügen. Sobald sich die Muscheln öffnen, die Brühe unter Rühren mit etwas Mehl binden. Das Gericht auf schwacher Hitze noch kurz weiterdünsten.

CALDERETA ASTURIANA

Asturischer Fischtopf

1 kg kleine Salzwasserfische mit magerem, festem Fleisch wie Rotbarbe, Wolfs- oder Zackenbarsch, küchenfertig
500 g Miesmuscheln oder Venusmuscheln
8 große Shrimps
100 ml Olivenöl
1 Zwiebel
Rosenpaprika
Salz
1 große, rote Paprikaschote
1 Bund Petersilie
einige Pfefferkörner
1 Glas trockener Sherry (fino)
Muskatnuß
½ Pfefferschote

Wein: ein trockener Weißwein, z. B. Valdeorras, Penedès

Fische und Meeresfrüchte waschen und in einen Schmortopf geben. Mit Öl übergießen. Zwiebel schälen und hacken. ½ TL Rosenpaprika und 2 Prisen Salz hinzufügen und alles zusammen andünsten. Dann ⅛

bis ¼ Liter Wasser dazugießen. Paprikaschote waschen, putzen und fein hacken. Die Pfefferschote (ohne Kerne) ebenfalls hacken. Petersilie grob zerteilen. Mit Pfefferkörnern, Sherry und etwas Muskatnuß zu Fischen und Meeresfrüchten in den Topf geben. Einen Deckel auflegen und 20 Minuten bei kleiner Hitze schmoren.

SARDINAS EN CAZUELA

Sardinen im Tontopf

1 kg Sardinen, je nach Größe bis zu 36 Stück
Salz
200 ml Öl
300 g Zwiebeln
1 Lorbeerblatt
1 EL Paprika

Wein: ein körperreicher, trockener Weißwein oder Rosé, z. B. aus Rioja, Alicante

Die Sardinen schuppen, Köpfe entfernen, ausnehmen, waschen und salzen.
Öl in einem feuerfesten Topf erhitzen. Zwiebeln schälen, hacken und mit Lorbeerblatt und Paprika in den Topf geben und leicht andünsten. Mit ⅛ Liter Wasser ablöschen und die Sardinen im eigenen Saft schmoren lassen. Dann die Fische nebeneinander in den Tontopf legen, diesen mit dem Deckel verschließen und das Gericht bei schwacher Hitze gar dünsten. Den Topf von Zeit zu Zeit etwas rütteln, damit die Sardinen nicht am Topfboden festkleben.

RABAS EN SALSA VERDE

Tintenfisch in grüner Sauce

1 kg Tintenfische
200 ml Öl
1 Zweig Petersilie
2 geröstete Scheiben Weißbrot
1 Glas Weißwein
Salz

Wein: ein körperreicher, trockener Weißwein, z. B. aus Rueda, Tarragona

Die Tintenfische in heißem Wasser waschen. Die Beutel mit der schwarzen Flüssigkeit entfernen. Körper und Fangarme in Streifen schneiden. Öl in einer Pfanne erhitzen und die Tintenfische darin etwa 10 Minuten dünsten. Dabei die Pfanne offen lassen, damit die Flüssigkeit einkochen kann. Sollte das Fleisch der Tintenfische zu fest sein, dann hilft hier ein erstaunlicher Trick: fügen Sie beim Dünsten einfach einen Korken hinzu und entfernen Sie diesen erst wieder, wenn fast die ganze Flüssigkeit verdampft ist.
Petersilie und Weißbrotscheiben fein hacken und über die Tintenfische streuen. Mit Weißwein beträufeln. Dann die Pfanne mit einem Deckel verschließen und die Tintenfische bei kleiner Hitze gar dünsten. Eventuell etwas Wasser oder Wein nachgießen. Mit Salz abschmecken.

FARIÑES

Maisbrei

12 EL Maismehl
Salz
Zucker und Honig

Wein: Dessertwein (Rosado aus Alicante oder Sherry amontillado)

4 Tassen sehr kaltes Wasser in einen Topf geben. Nach und nach das Maismehl einrieseln lassen und rühren, damit keine Klumpen entstehen. Dann den Maisbrei unter ständigem Rühren erhitzen. Kräftig salzen und so lange weiterkochen, bis ein dicker Brei entsteht. Auf Teller verteilen und mit heißer Milch servieren. Nach Geschmack mit Zucker oder Honig süßen.

ESTOFADO DE BUEY

Geschmortes Ochsenfleisch

50 g Schweineschmalz
400 g Ochsenfüße
500 g Zwiebeln
100 g Räucherspeck
½ kg Kalbsvorderfuß
1 Bund Petersilie
Pfeffer
Salz
1 Bund gemischte Kräuter
100 g Karotten
100 g weiße Rüben
100 g Pastinaken
¼ l Rotwein
1 Tasse Essig

Schweineschmalz in einem großen Schmortopf erhitzen und darin die Ochsenfüße rundum anbräunen. Zwiebeln schälen und in Ringe, den Speck in Würfel schneiden. Karotten, Rüben und Pastinaken putzen und grob zerkleinern. Petersilie hacken. Zwiebelringe, Speckwürfel, Kalsbsvorderfuß, Pfeffer, Salz, etwas Petersilie, Kräuterbund, Karotten, weiße Rüben und Pastinaken hinzufügen und offen bei kleiner Hitze dünsten, bis die Flüssigkeit völlig eingekocht ist. Nun Wein und Essig angießen und bei starker Hitze kochen, bis die Flüssigkeit fast verdampft ist. Den Topf mit einem Deckel fest verschließen, und das Gericht bei schwacher Hitze etwa 3 Stunden lang weiterschmoren.
Dann das Fleisch in der Mitte einer großen, flachen Schüssel anrichten, mit Gemüse umlegen und mit Bratensaft übergießen.

BASKENLAND

BASKENLAND

Unverfälschte traditionelle Kochkunst ist das Gütesiegel der baskischen Küche. Obwohl auch hier seit etwa 20 Jahren eine »nueva cocina vasca«, eine neue baskische Küche entstanden ist, handelt es sich in den meisten Fällen um eine gekonnte Weiterentwicklung der alten Rezepte, die den traditionellen Gesetzen der baskischen Kochkunst trotzdem treu bleiben.

Das Baskenland liegt am Meer, und in seiner Küstenregion leben tüchtige Fischer. Daher ist die baskische Küche vor allem eine Küche der Fischspezialitäten, die sich den großen Fischreichtum des nahegelegenen Atlantiks zunutze macht. Frischer und gepökelter Fisch, wie z. B. der »bacalao«, *kommt in unzähligen Zubereitungsarten auf den Tisch. Zwei der genialsten Erfindungen der baskischen Fischkochkunst sind der* »marmitako« *auf der Grundlage von frischem Thunfisch und Kartoffeln sowie der* »toro«, *eine deftige, reichhaltige Bouillabaisse. Weitere kulinarische Glanzlichter sind* »lomos de merluza« *(Seehechtfilets),* »almejas a la marinera« *(Venusmuscheln in Zwiebel-Knoblauch-Wein-Sauce),* »chipirones en su tinta« *(kleine Tintenfische im eigenen Saft, d. h. in der eigenen Tinte),* »angulas a la vasca« *(in Öl und Knoblauch zubereitete Glasaale),* »la merluza en salsa verde« *(Seehecht in Kräutersauce),* »el besugo de Bermeo«, *die in den Gewässern des malerischen Fischerortes Bermeo gefangene Seebrasse,* »el txangurro relleno« *(gefüllte Meerspinne).*
Unübertrefflich jedoch sind die Basken in der Zubereitung von »bacalao«, *dem Stockfisch. Sei es nun* »al pil pil« *(in Öl und Knoblauch langsam gegart),* »al ajoarriero« *(mit Zwiebeln, Knoblauch, Petersilie und getrockneter Paprikaschote gewürzt),* »a la vizcaína« *(in pikanter*

Abbildung Seite 42/43:
San Sebastian im Baskenland.

Typische Bauernhäuser im immergrünen Baskenland.

Zwiebel-Knoblauch-Paprikasauce) oder »al club ranero«, *nach dem Rezept einer berühmten gastronomischen Gesellschaft des Baskenlandes. Da sich der Atlantikfisch in Geschmack und Beschaffenheit wesentlich vom Mittelmeerfisch unterscheidet, haben sich auch ganz unterschiedliche Zubereitungsarten entwickelt.*

Auch bei den Fleischspeisen hat das Baskenland einiges zu bieten: Zum Beispiel die großen Ochsen- oder Kalbskoteletts, die in Erinnerung an eine berühmte Züchterei kraftstrotzender Kampfstiere »villagodios« *genannt werden. Oder* »tripacallos a la viscaína« *(Kutteln à la Biskaya),* »cordonices con hoja de parra« *(Wachteln mit Weinblättern),* »ganso adobado«, *eingelegtes Gänsefleisch, das dem französischen* »confit d'oie« *aus der Gascogne sehr ähnelt,* »cordero en salsa picante« *(Lammfleisch in pikanter Sauce), der im Tontopf zubereitete Speisepilz* »perrechico« *aus Vitoria oder die* »becada con nabos« *(Schnepfe mit weißen Rüben).*

Zum Dessert werden »bizcochos rellenos de Vergara« *oder* »bizcochos de Mendaro«, *gefülltes Biskuitgebäck nach Art von Vergara oder Mendaro sowie* »almendrados de Tolosa«, *ein Mandelbackwerk aus Tolosa gereicht. Die Krönung eines baskischen Menüs ist jedoch* »arroz con leche«, *der berühmte Milchreis, der eigentlich kein spezifisch baskisches Dessert ist, den aber gerade die Basken auf eine besonders vollendete Art zuzubereiten verstehen.*

Abbildung links:
Der »Windkamm« des baskischen Künstlers Chillida bei San Sebastian.

Abbildung rechts:
Schafe aus dem Hinterland sind ein wichtiger Bestandteil der baskischen Küche.

Stockfisch: »Bacalao«

Lamm, Schafskäse, Fisch: diese so unterschiedlichen Produkte machen den weit und breit geschätzten Dreiklang der baskischen Küche aus. Aus dieser Komposition läßt sich sehr gut auf die kontrastreichen Landschafts- und Wirtschaftsformen zwischen Küste und Gebirge schließen. Wer das Glück und Vergnügen hat, einmal im Herbst eines der fröhlichen, ausschweifenden Schlachtfeste zu genießen – diese Mahl-Zeiten heißen txarribodas oder sarteneko – der kommt auf den baskischen Geschmack.
Wie vor vielen Jahrhunderten, ziehen abseits der industriellen Zentren immer noch die Hirten mit großen Herden durch die menschenleeren Berge des Baskenlandes. So versteht es sich von selbst, daß zarte Lammgerichte und würziger Schafskäse – oft mit wildwachsendem Thymian und Rosmarin gewürzt – auf der Speisekarte nicht fehlen dürfen.
Gleiches gilt auch für die baskischen Fischgerichte, die nicht nur aus Meeresfisch aus dem Golf von Biskaya zubereitet werden, sondern auch aus Forellen aus Gebirgsbächen.
Die gezackten Gebirgsketten, die grünen Täler und Wiesen, die Apfelbaumplantagen und Getreidefelder bilden genau die richtige Überleitung zu den Fischerdörfern an der baskischen Küste. Diese ist ja vor allem im Sommer wegen ihres gar nicht so heißen Klimas ein beliebtes Ziel. Die Basken (auch die in Frankreich) nennen ihr Heimatland »Euskadi« und ihre Sprache »Euskera«. Doch wer entlang der ganzen Nordküste nach einem »Bacalao« (Stockfisch) fragt, der wird von Basken, Asturiern, Galiciern und Nordportugiesen verstanden.
Rezepte mit Stockfisch gehören zum festen Repertoire der spanischen Küche. Es gibt keine regionale Küche, die nicht mit viel Phantasie ihre eigenen Spezialitäten für diesen Salzfisch entwickelt hat. Aber die Basken verstehen sich ganz besonders gut auf die Zubereitung von »bacalao«. Der hierfür verwendete Fisch ist Kabeljau, der gesalzen und getrocknet dann »Klippfisch« oder »Stockfisch« genannt wird. Diese Konservierungsmethode für Fisch haben wahrscheinlich die Walfänger auf ihren langen Fahrten über das Meer erfunden. Dadurch haben Stockfischgerichte vor allem in der Provinz Biscaya eine uralte Tradition.
Ursprünglich war der Stockfisch ein typisches Gericht für die Fastenzeit. Vom 15. Jahrhundert bis in die Mitte dieses Jahrhunderts gehörte Stockfisch noch zu den preiswerten Nahrungsmitteln. Seitdem ist der Preis für »bacalao« jedoch kontinuierlich gestiegen, denn das Angebot konnte die zunehmende Nachfrage nicht decken. Aus dem »Arme-Leute-Essen« ist inzwischen eine Delikatesse geworden.
Die Zubereitungsvarianten sind fast unzählbar – es soll angeblich für jeden Tag des Jahres ein anderes Rezept geben. »Klassisch« ist es, den Stockfisch in frischem Wasser zu kochen und kleingeshnittene, in Butter geschmorte Paprikaschoten hinzuzufügen. Währenddessen sollte man Kartoffeln in der Schale kochen, anschließend schälen und in Scheiben schneiden. In eine feuerfeste Form werden dann schichtweise Fisch, Paprika, Tomaten und Kartoffeln gelegt. Mit einer aus zerlassener Butter, Mehl, Fischbrühe und Gewürzen komponierten Sauce wird das Ganze aufgefüllt, bevor es in den Ofen geschoben und überkrustet wird. Welch herzhafter Genuß! Zu diesem Stockfischgericht paßt spanischer Rotwein genausogut wie ein weißer Tropfen. Nur trocken sollte er sein. Aber das ist in Spanien ja vorauszusetzen.

Im Baskenland hat sich übrigens bis heute die Tradition von gastronomischen Gesellschaften am Leben erhalten. Sie existieren in fast jedem Dorf als reine Männerclubs. Das Zelebrieren feinster Menüs und das Austauschen von Rezepten bildet zwar die nahrhafte Basis dieser Männergesellschaften, doch dienen die regelmäßigen Treffs – bei denen die Mitglieder Freunde und Gäste mitbringen – natürlich auch dem Gedankenaustausch über Politik, Wirtschaft, Kultur oder Sport. So manches Grundstücksgeschäft, manche Kandidatur wurde im Baskenland schon am Rande eines Stockfischessens geschlossen.

Abbildungen links und rechts:
Auf dem Marktstand und in den Lebensmittelgeschäften wird »bacalao«, der Stockfisch, unverpackt angeboten.

BACALAO
630

BACALAO AL PIL PIL

Stockfisch in Knoblauchsauce

Die perfekte Zubereitung dieser Stockfischspezialität hängt davon ab, wie gut die Sauce wird. Diese soll – was für die baskische Küche typisch ist – während des sanften Garens zu einer Emulsion werden. Das heißt: die Garflüssigkeit vom Stockfisch muß sich mit dem Olivenöl verbinden. Das wird durch ständiges Rütteln des Topfes erreicht. Und es entsteht eine samtige, cremefarbene, herrlich nach Knoblauch duftende Sauce.

600 g Stockfisch
6 Knoblauchzehen
¼ l Olivenöl
1 Bund Petersilie

Wein: ein leichter Rosé oder Rotwein, z. B. aus Campo de Borja oder aus Tarragona

Den Stockfisch in Stücke schneiden und 24 Stunden wässern. Dabei zweimal das Wasser wechseln.
Das Öl in einem feuerfesten Tontopf erhitzen und darin die ganzen, geschälten Knoblauchzehen und die gehackte Petersilie goldgelb dünsten. Vom Herd nehmen und abkühlen lassen. Die Knoblauchzehen aus dem Öl nehmen und beiseite stellen. Den Stockfisch mit der Hautseite nach unten in den Tontopf legen. Langsam bei schwacher Hitze garen. Um eine cremige Sauce zu erhalten, den Topf häufig rütteln. Das Gericht darf dabei nie zum Kochen kommen. Den Fisch mit den Knoblauchzehen garnieren.

LA PURRUSALDA

Stockfisch mit Lauch und Kartoffeln

500 g Stockfisch
100 ml Öl
2 Knoblauchzehen
600 g Kartoffeln
500 g Lauch
1 Lorbeerblatt
Paprikapulver
Salz
Pfeffer

Wein: ein junger Rotwein oder Rosé

Den Stockfisch in reichlich kaltem Wasser 24 Stunden einweichen. Mindestens zweimal das Wasser wechseln. Danach den ausgedrückten Fisch in einen Schmortopf legen, etwa ½ Liter kaltes Wasser zugießen und einmal aufkochen. Dann den Topf sofort vom Herd nehmen und den Fisch 10 Minuten nachgaren lassen. Die Fischbrühe in eine Schüssel abseihen. Den Stockfisch enthäuten, entgräten und in kleine Stücke schneiden.
Das Öl in einem Schmortopf erhitzen und darin die geschälten Knoblauchzehen goldgelb dünsten. Kartoffeln schälen und würfeln. Lauch putzen, waschen und in Ringe schneiden. Zusammen mit den Kartoffeln zum Knoblauch in den Schmortopf geben. Einige Minuten andünsten. Nun den Stockfisch hinzufügen und mit 1 Prise Paprikapulver würzen. Die Fischbrühe angießen, mit Salz und Pfeffer abschmecken und etwa ½ Stunde weitergaren. Sehr heiß servieren.

ALMEJAS A LA MARINERA

Venusmuscheln nach Seemannsart

1¼ kg Venusmuscheln
100 ml Olivenöl
2 Knoblauchzehen
1 Zwiebel
1 EL Mehl
1 Glas herber Weißwein
weißer Pfeffer
1–2 Bund Petersilie
Salz

Wein: ein körperreicher Weißwein, z. B. aus Alella, La Mancha

Die Venusmuscheln gründlich waschen und schon offene Muscheln wegwerfen. Das Olivenöl in einem feuerfesten Topf erhitzen. Knoblauch und Zwiebel schälen, fein hacken und im heißen Öl glasig dünsten. Mehl einstreuen, leicht anschwitzen und dann den Wein und etwas Wasser angießen. Bei starker Hitze zum Kochen bringen. Nun die Venusmuscheln hinzufügen und den Topf mit einem Deckel fest verschließen. Die Muscheln etwa 5 Minuten in dem Sud kochen, damit sie sich öffnen. (Muscheln, die sich nicht geöffnet haben, wegwerfen.) Den Deckel abnehmen, die Muscheln mehrmals wenden und mit Salz und weißem Pfeffer würzen. Mit reichlich gehackter Petersilie bestreuen und sofort servieren.

CHIPIRONES EN SU TINTA

Tintenfisch in der eigenen Tinte

Zu diesem typisch baskischen Gericht wird eine Sauce gereicht, die aus der Tinte der dazu verwendeten Tintenfische hergestellt wird. Manche sehen die Herkunft dieses Rezepts im Fernen Osten. Denn Japaner und Chinesen waren schon immer Meister in der Zubereitung von Gerichten mit Bestandteilen, die im Rohzustand giftig, gekocht jedoch völlig unschädlich sind, wie z. B. die Tinte der Tintenfische. Wie auch immer – der fernöstliche Ursprung dieser baskischen Spezialität läßt sich historisch nicht nachweisen. Auf jeden Fall handelt es sich um eine typische Delikatesse der baskischen Küche, die meistens mit Reis serviert wird.

1 kg kleine, ganze Tintenfische
250 g Mehl
200 ml Olivenöl
2 mittelgroße Zwiebeln
2 Knoblauchzehen
100 g Schinken
2 kleine Tomaten
1 Bund Petersilie
1 Glas trockener Weißwein
Als Beilage: Reis

Die Tintenfische vorbereiten: Tintenbeutel vorsichtig entfernen, damit sie nicht platzen, und in einer kleinen Schüssel sammeln. Die Tintenfische gründlich waschen, von innen nach außen wenden, die Tentakel in das Körperinnere stopfen und die Öffnung mit Zahnstochern verschließen. Tintenfische salzen, in Mehl wenden und in einer Pfanne in heißem Öl anbraten, bis sie goldbraun sind. Die Tintenfische aus der Pfanne nehmen und auf Küchenkrepp abtropfen lassen. Dann die Zahnstocher entfernen und die Tintenfische in eine feuerfeste Kasserolle aus Ton legen.
Zwiebel und Knoblauch schälen, fein hacken und im Bratfett weich dünsten. Schinken in kleine Würfel schneiden. Tomaten und Petersilie waschen, gut trocknen und sehr fein hacken. Zu dem Tintenfisch geben und alles bei schwacher Hitze ca. 10 Minuten schmoren. Inzwischen die Tintenbeutel vorsichtig entleeren und die Tinte mit etwas lauwarmem Wasser und dem Weißwein verrühren. Die Flüssigkeit durch ein Sieb in die Pfanne gießen und mit der Schinken-Tomaten-Sauce vermengen. Die Tintenfische damit übergießen und bei sehr schwacher Hitze weitergaren, bis sie weich sind.
Dazu den Reis servieren.

MARMITAKO

Baskischer Thunfischtopf

1 kg frischer Thunfisch
Salz
1 Zwiebel
4 Tomaten
4 grüne Paprikaschoten
1 kg Kartoffeln
200 ml Öl

8 dicke Weißbrotscheiben (Baguette)

Wein: ein körperreicher, trockener Weißwein, z. B. aus Albariño, Penedès

Den Thunfisch in Stücke schneiden und salzen. Zwiebel schälen und hacken. Die Tomaten mit kochendem Wasser übergießen, kurz ziehen lassen und häuten. Dann grob hacken. Paprikaschoten waschen, putzen und in Streifen schneiden. Kartoffeln schälen und würfeln. 2 Eßlöffel vom Öl in einem feuerfesten Tontopf erhitzen und darin nacheinander gehackte Zwiebel, Tomaten, Paprika, Kartoffelwürfe und zuletzt die Thunfischstücke anschmoren. Gemüse und Fisch etwa 20 Minuten schmoren, bis alle Zutaten weich sind.
Inzwischen die Weißbrotscheiben im restlichen Öl fritieren und mit dem Thunfischtopf anrichten.

MERLUZA EN SALSA VERDE

Seehecht in grüner Sauce

4 dicke Scheiben Seehecht vom Schwanzstück
Salz
1–2 EL Mehl
150 ml Öl

4 Knoblauchzehen
1 Bund Petersilie

Wein: ein körperreicher, trockener Weißwein, z. B. aus Valdepeñas, Valencia

Die Seehechtscheiben salzen und in Mehl wenden. Öl in einem feuerfesten Tontopf erhitzen und darin den Fisch beidseitig goldbraun anbraten. Den Knoblauch schälen und mit der gewaschenen und gut getrockneten Petersilie ganz fein hacken. Mit ½ Eßlöffel Mehl und 1 Glas Wasser verrühren und etwas salzen. Den Fisch mit der Sauce begießen und bei kleiner Hitze noch 5 Minuten dünsten.

ANGULAS A LA VASCA

Baskische Glasaale

Die Geburtsstätte aller europäischen und amerikanischen Glasaale ist das Sargassomeer im Atlantischen Ozean, zwischen den Azoren und den Bahamas. Dorthin wandern die Flußaale, um zu laichen. Die winzigen, zunächst nur 1 mm großen Aallarven schwimmen vom Golfstrom getragen nach Nordosten, wo sie nach 3 Jahren das europäische Festland erreichen. Obwohl ein großer Teil von ihnen auf der langen Reise stirbt, überleben doch viele. Dann trennen sie sich. Während die im Salzwasser zurückbleibenden Tiere zu Männchen werden, entwickeln sich die flußaufwärts schwimmenden Aale zu Weibchen. Heute sind Glasaalgerichte ein teurer Luxus, für die es eine Fülle unterschiedlicher Zubereitungsarten gibt.

Für 6 Personen:

600 ml Öl
3 Knoblauchzehen
1 Pfefferschote
600 g Glasaale

Wein: Rotwein, z. B. aus Alicante, Amansa

Die Glasaale werden portionsweise zubereitet. In 6 Tonschalen das Öl stark erhitzen und darin die geschälten und in dünne Streifen geschnittenen Knoblauchzehen goldgelb dünsten. Die in Stückchen geschnittene Pfefferschote (ohne Kerne) und die Glasaale hinzufügen.
Die Schälchen sofort vom Herd nehmen und die Tonschalen auf hitzebeständigen Untersetzern servieren.

Eine wirklich »aalglatte« Delikatesse. Daher wird sie im Baskenland mit eigens dafür geschnitzten Holzgabeln gegessen.

TXANGURRO RELLENO

Gefüllte Meerspinne

Für 1 Person:

1 EL Semmelbrösel
1 TL gehackte Petersilie
1 große und 1 mittelgroße Meerspinne
½ Zwiebel
2 Knoblauchzehen
1 kleine Lauchstange
2 EL Öl
2 Tomaten
30 g Butter
Pfeffer
½ Glas Cognac oder trockener Sherry (fino)
Salz

Wein: ein körperreicher Weißwein, z. B. aus La Mancha, Albariño

Semmelbrösel und Petersilie mischen. Körper und Beine der Meerspinnen mit einem scharfen Messer öffnen, alles Fleisch herauslösen und kleinhacken. Den Panzer des größeren Tieres ausschaben, waschen und von innen mit Küchenkrepp trockentupfen. Zwiebel und Knoblauch schälen und kleinhacken. Lauch putzen, waschen und ebenfalls hacken. Alles in heißem Öl goldgelb dünsten. Die Tomaten mit kochendem Wasser übergießen, einige Minuten ziehen lassen und häuten. Dann das Fruchtfleisch pürieren und durch ein feines Sieb streichen. Die Tomatensauce und 2 Minuten später das Fleisch der Meerspinnen mit etwas Butter zum Gemüse geben. Mit Salz und Pfeffer würzen. Cognac oder Sherry angießen und 8 bis 10 Minuten auf schwacher Hitze garen. Den Panzer damit füllen und auf einem feuerfesten Teller anrichten. Mit dem Semmelbrösel-Petersiliengemisch bestreuen und im auf 200 Grad vorgeheizten Backofen gratinieren.

ARROZ CON LECHE

Baskischer Milchreis

½ l Milch
Schale von 1 unbehandelten Zitrone
1 Stück von einer Zimtstange
100 g Rundkornreis
50 g Butter
125 g Zucker
2 Eigelb
Zimt zum Bestreuen

Milch mit Zitronenschale und Zimtstange aufkochen. Den Reis in die heiße Milch einstreuen und ca. 50 Minuten bei kleiner Hitze weich kochen. Butter und Zucker zufügen und weitere 10 Minuten garen. Den Topf von der Kochstelle nehmen und das verquirlte Eigelb unter den Milchreis rühren. Mit Zimt bestreut servieren.

RIOJA · ARAGÓN · NAVARRA

RIOJA, ARAGON, NAVARRA

Die kulinarischen Traditionen der Rioja, Aragons und Navarras haben viele Gemeinsamkeiten. In allen drei Regionen werden Schafe gezüchtet, und es gibt reichlich Geflügel und Gemüse. Deshalb sind einige Gerichte, die dort gekocht werden, sehr ähnlich.
Zu den besonderen Spezialitäten der Regionen zählen »trucha a la navarra« *(mit rohem Schinken zubereitete Forelle), nach Art von Navarra oder Rioja gebratene Lammkoteletts, das* »cochifrito« *(Lammfrikassee aus dem Tontopf) und ganz besonders der navarresische Spargel, der in ganz Spanien sehr geschätzt wird.*
Ein mit Stockfisch zubereitetes Gericht, das zu den besten Fischspezialitäten Spaniens gehört, wird von jeder der drei Regionen als eigene Kreation in Anspruch genommen. Es heißt

Abbildung Seite 56/57: Paracuellos de Jiloca in Aragón.

Abbildung rechts: Weinlese in La Rioja, dem berühmtesten Weinanbaugebiet Spaniens.

Abbildung unten: Automatische Weinabfüllung.

»el bacalao al ajoarriero« *und wird, wie ursprünglich von den Maultiertreibern, mit einer Sauce aus Knoblauch, Petersilie, Rosenpaprika und in Wein getränktem Brot zubereitet.*

Typische Spezialitäten aus Aragon sind das geschmorte oder am Spieß gebratene Milchlamm »ternasco«, *die* »migas a la aragonesa« *(geröstete Brotwürfel) und* »magras con tomate« *(gebratene Schinkenscheiben mit Tomatensauce). Nicht zu vergessen ist der getrocknete Rohschinken, der aus Teruel von den Bergen kommt, und die deftigen Würste* »longanizas« *und* »morcillas« *(aragonesische Schlack- und Blutwürste).*
Allgemein wird behauptet, daß die Küche von Aragon weniger variationsreich sei, als die von Navarra. Die Produkte der Region Aragon sind aber von bester Qualität, so daß jede gut zubereitete Spezialität eine ganz besondere Delikatesse ist. Gemüse und Hülsenfrüchte sind hier, wie auch in Navarra, ganz besonders aromatisch und zart.

In Aragon und Rioja sind Gerichte »al chilidrón« *richtig typisch. Das Besondere dabei ist die Sauce aus Tomaten, Zwiebeln und roten Paprikaschoten. Hähnchen wird zum Beispiel mit dieser Sauce zubereitet und bekommt so einen unverwechselbar interessanten Geschmack. Die Küche der Rioja ist hauptsächlich kastilisch (aber von der aragonesischen und navarresischen beeinflußt) geprägt, außerordentlich schmackhaft und dabei trotzdem einfach. Wer einmal* »pochas« *(frisch ausgehülste und auf verschiedene Art gewürzte Bohnen) als Beilage zu Wachteln oder Paprikawurst gegessen hat, dem sind sie unvergeßlich. Gerichte* »a la riojana« *werden mit rotem Paprika und* »chorizo«, *der typischen Paprikawurst dieser Region, zubereitet. Kutteln, Kartoffeln und Schnecken werden in dieser Kombination gegessen. In der Rioja und Estremadura bekommt man die besten* »chorizos« *Spaniens!*
Die Küche dieser Gebiete ist ohne die Weine der Rioja nicht denkbar.

Abbildung links:
Auch heute noch reift der Wein in Eichenholzfässern. Hier die Bodega Palacios (La Rioja Alavese).

Abbildung unten:
Eng gedrängt zum Schutz gegen die Hitze stehen die Häuser. Dächergewirr eines Städtchens in Aragón.

Paprika und Wein

Das besondere Symbol der Küche der Rioja, Aragons und Navarras ist »pimentón«, ein Gewürz aus getrockneten, gemahlenen Paprikaschoten. Es wurde von den spanischen Eroberern im 16. Jahrhundert aus Amerika nach Spanien mitgebracht.

Über Jahrhunderte war es von Fremden, die nach Spanien reisten, verabscheut worden. Baron von Bourgoing, der das Land gegen Ende des 18. Jahrhunderts bereiste und kennenlernte, stellte fest: »Die Spanier lieben scharfe Gewürze wie Pfeffer, Tomatensauce und scharfen Paprika, der alle Gerichte nicht nur färbt, sondern auch gleichzeitig verseucht.« Diese Einstellung zum »pimentón« hat sich gründlich geändert. Denn heute schätzen Spanier wie Ausländer den gemahlenen Paprika sehr. Obwohl das Gewürz seit dem 16. Jahrhundert in der Estremadura, genauer in der »Oega« von Plasencia, angepflanzt wird und auch in der andalusischen Provinz Murcia beheimatet ist, charakterisiert es doch die Küche der Rioja. Denn von hier aus trat der »pimentón« seinen Eroberungszug durch die Küchen aller spanischen Regionen an. Wann es das erste Mal verwendet wurde, ist ein Geheimnis. Im alten Lexikon der kastilischen Sprache von 1726 tauchte es noch nicht auf. Trotzdem wurde das Gewürz bald schon populär. Der Schwiegervater des Malers Francisco de Goya, Ramon Bayen, malte nämlich zu der Zeit für einen Wandteppich im Escorial, das Bild des berühmten *»Choricero«*, auf dem mehrere Paprikawürste abgebildet sind, ein Beweis für die frühe Popularität des »pimentón«!

Seitdem bereichert dieses Gewürz den Geschmack einer Vielzahl von Gerichten. Dazu gehören die Kartoffeln »a la riojana«, die kastilischen Knoblauchsuppen, die galicische »ajada«, die mallorquinische »sobrasada«, die »chorizos« von Huelva bis La Rioja, die Bratwürste der Levante. Zusammen mit Safran bestimmt es auch den unverwechselbaren Geschmack der »paella valenciana« ...

Große Abbildung:
Die frisch geernteten Paprikaschoten werden von den Bauern zum Trocknen ausgelegt, damit sie später gemahlen werden können.

Kleine Abbildung:
»Pimentón«, zu Pulver gestoßene Paprikaschoten.

»Pimentón« ist darüber hinaus unverzichtbarer Bestandteil der großen Gerichte Navarras und Aragons: des *»chilindrón aragonés«*, einer Sauce aus Tomaten, Zwiebeln und Paprikaschoten, der *»piemientos rellenos riojanos«* (gefüllte Paprikaschoten), der *»codornices al pimiento de la ribera navarra«*, Rebhühnern mit Paprikaschoten.
Es besteht kein Zweifel, daß ohne dieses von den spanischen Eroberern im 16. Jahrhundert aus Amerika mitgebrachte Gewürz die spanische Küche viel trauriger und eintöniger wäre. Neben der Tomate ist Paprika einer der Glanzpunkte der spanischen Küche.
Das berühmteste Weinanbaugebiet Spaniens trägt seinen Namen nach einem kleinen Nebenfluß des Ebros, dem Rio Oja: Rioja.
Die Tradition des Rioja-Weinanbaus beruht auch auf der Erfahrung von Bordeaux-Winzern, die Ende des 19. Jahrhunderts auf der Flucht vor der Reblaus zum Ebro zogen und in Logroño und Haro seßhaft wurden. Beim ersten Schluck spürt man tatsächlich die entfernte Verwandtschaft zwischen Bordeaux- und Rioja-Weinen.

TRUCHAS A LA NAVARRA

Forellen nach Art von Navarra

4 Forellen von je 150–200 g, küchenfertig
5 Scheiben roher Schinken
60 g Mehl
60 g Schweineschmalz
100 ml Öl
1 Zitrone
Salz
Pfeffer

Wein: ein kräftiger, trokkener Weißwein oder Rosé, z. B. aus Albariño, Penedès

Die Forellen waschen und trockentupfen. In jede Forelle eine Scheibe Schinken legen. Die Forellen in Mehl wenden. Im heißen Fett auf beiden Seiten jeweils 5 Minuten braten. Auf einer Platte anrichten, mit Zitronensaft beträufeln und mit Salz und Pfeffer würzen.

BACALAO AL AJOARRIERO

Stockfisch nach Art der Maultiertreiber

Die folgende Art, Stockfisch zuzubereiten, findet man heute vor allem noch in den Regionen Navarra, Rioja und Altkastilien. Das Rezept ist schon uralt. Bereits in dem zur Weltliteratur zählenden »Don Quichote de la Mancha« von Cervantes kann man es nachlesen.

400 g Stockfisch
100 g Mehl
200 ml Öl
5 Knoblauchzehen
1 Bund Petersilie
1 EL Rosenpaprika
1 Scheibe Weißbrot ohne Rinde

Wein: ein junger Rotwein oder Rosé, z. B. aus Jumilla, Navarra

Den Stockfisch 24 Stunden wässern. Dabei zweimal das Wasser wechseln. Das Wasser abgießen, den Fisch trocknen und in gleichmäßige Stücke schneiden. Die schwarze Haut und die Gräten entfernen. Die Fischstücke in Mehl wenden. Öl in einer Pfanne erhitzen und den Fisch darin scharf anbraten. Knoblauchzehen schälen. Petersilie waschen und trocknen. Beides fein hacken. Das Brot mit Rotwein beträufeln und zerpflücken. Knoblauch, Petersilie, Brot und Rosenpaprika zu einer Paste verrühren. Zu dem Stockfisch in die Pfanne geben. Alles stark erhitzen und dann bei schwacher Hitze noch 25 Minuten dünsten.

PIMIENTOS RELLENOS

Gefüllte Paprikaschoten

Für 6 Personen:

400 g Ochsenfleisch
1 Lorbeerblatt
5 Pfefferkörner
6 große, rote Paprikaschoten
3 Zwiebeln
2 Knoblauchzehen
1 Bund Petersilie
2 Scheiben entrindetes Weißbrot
30 g Butter
200 g Hackfleisch
1 TL getrockneter Thymian
Salz
Pfeffer
Öl zum Fetten der Form
2–3 EL Semmelbrösel

Wein: ein körperreicher Rotwein, z. B. aus Alicante, Campo de Borja

Das Ochsenfleisch in kaltem Wasser mit Salz, Lorbeerblatt und Pfefferkörnern aufsetzen und langsam weich kochen. Dann das Fleisch abkühlen lassen. Die Brühe aufheben.
Die Paprikaschoten waschen und mit Küchenkrepp trocknen. Stiel und Kerngehäuse herausschneiden.
Das gekochte Fleisch sehr fein hacken. Zwiebeln und Knoblauchzehen schälen und hacken. Petersilie waschen und trocknen. Ebenfalls fein hacken. Die Brotscheiben in kleine Würfel schneiden, mit 2 Eßlöffeln von der Fleischbrühe beträufeln und mit einer Gabel zerkleinern. Butter in einer Pfanne erhitzen und zuerst die Zwiebeln goldgelb anbraten. Hackfleisch hinzufügen und untermischen. Nacheinander das gekochte Rindfleisch, gehackten Knoblauch, Petersilie und das Brot dazugeben. Mit Thymian, Salz und Pfeffer würzen und alles gut miteinander verrühren. Die Masse gleichmäßig in die Paprikaschoten füllen und in eine gefettete, ofenfeste Form setzen. Etwas

Brühe angießen, Paprikaschoten mit Semmelbröseln bestreuen und ca. 25 Minuten bei starker Hitze im Ofen backen.

MAGRAS CON TOMATE

Schinkenscheiben in Tomatensauce

»Magro« bedeutet im Spanischen mager oder fettarm. Bei diesem Gericht wird also ein magerer Rohschinken verwendet.

200 g roher Schinken, in Scheiben geschnitten
1 große Zwiebel
4 Knoblauchzehen
200 g Tomaten
100 ml Öl
30 g Schweineschmalz
Salz
Pfeffer
½ TL Zucker
eventuell 2 hartgekochte Eier

Wein: ein junger Rotwein, z. B. aus Ampurdán, La Mancha

Die Schinkenscheiben in einen flachen Schmortopf legen. Zwiebeln und Knoblauch schälen und fein hacken. Die Tomaten mit kochendem Wasser übergießen und häuten. Dann die Tomaten halbieren, Stielansätze herausschneiden und die Kerne herausdrücken. Das Tomatenfleisch kleinschneiden. Öl und Schweineschmalz in einer Pfanne erhitzen. Zwiebeln, Knoblauch und Tomaten darin anbraten und mit Zucker, Salz und Pfeffer würzen. Diese Sauce zum Schinken in den Schmortopf geben. Alles langsam erhitzen und ca. 15 Minuten bei schwacher Hitze weiterdünsten. Wenn nötig, noch einige Eßlöffel Wasser hinzufügen. Nach Belieben mit gehackten Eiern bestreuen.

POLLO AL CHILINDRÓN

Geschmorte Hähnchen mit Paprika

Das aragonesische »pollo al chilindrón« hat eine relativ junge Tradition. Denn die in diesem Gericht verwendeten Tomaten und Paprikaschoten waren ja erst durch die spanischen Eroberer von Amerika nach Europa gebracht worden. »Chilindrón« war ursprünglich – vor allem im 17. Jahrhundert – ein sehr populäres Kartenspiel, mit dem man sich gerne auf Volksfesten oder Picknicks unterhielt. Die Bezeichnung »pollo al chilindrón« erklärt der aragonesische Koch Luis Bandrés damit, daß man dieses Gericht gerne aß, nachdem man zusammen »chilindrón« gespielt hatte. Mit dem Kartenspiel ist diese Spezialität nun nicht mehr verbunden. Aber das Rezept ist fast das gleiche geblieben: es wird in der Regel mit Hähnchen, gelegentlich aber auch mit Lammfleisch zubereitet.

Für 6 Personen:

3 küchenfertige Hähnchen
200 ml Öl
1 Knoblauchzehe
Pfeffer
300 g magerer roher Schinken, kleingewürfelt
1 Zwiebel
6 rote Paprikaschoten
Salz

Wein: ein kräftiger Rotwein, z. B. aus Borja, Cariñena

Die Hähnchen waschen, mit Küchenkrepp abtrocknen und in Stücke schneiden. Öl in einem großen Schmortopf erhitzen. Die Hähnchenteile salzen, pfeffern und nacheinander rundherum goldbraun anbraten. Knoblauch schälen, in Scheiben schneiden und kurz mitbraten. Schinkenwürfel und kleingehackte Zwiebel unterrühren und andünsten. Inzwischen Paprikaschoten waschen, putzen und sehr fein würfeln. In den Topf geben und alles schmoren, bis das Hähnchenfleisch sehr weich ist. Dabei die Flüssigkeit ganz einkochen lassen.

CODORNIZ CON PIMIENTOS

Mit Wachteln gefüllte Paprikaschoten

Dieses Gericht aß man früher vorwiegend gegen Ende des Sommers. Denn in dieser Saison bevölkerten die Wachteln als Zugvögel die meisten Regionen Spaniens.

8 küchenfertige Wachteln
Pfeffer
2 dicke Scheiben Bauchspeck oder roher Schinken
200 ml Öl
1 kleines Glas Cognac
8 große rote Paprikaschoten
6 EL Gemüsebrühe
Salz

Wein: ein junger Qualitätsrotwein, z. B. aus Valdepeñas, Navarra

Die ausgenommenen Wachteln waschen. Den Speck oder Schinken würfeln und die Wachteln damit füllen. Öl in einer großen Pfanne erhitzen und die Wachteln darin zuerst bei schwacher Hitze 5 Minuten lang rundherum anbraten. Dann bei starker Hitze mit Cognac flambieren. Die Paprikaschoten waschen und die Stiele kreisförmig herausschneiden. Die Kerne entfernen und die Schoten mit den Wachteln füllen. Dann die gefüllten Paprika nebeneinander in eine feuerfeste Form legen und mit dem zum Anbraten der Wachteln verwendeten Öl und der Brühe übergießen. Mit Salz und Pfeffer würzen und bei mittlerer Hitze ca. 30 Minuten im Backofen schmoren. Sehr heiß servieren.

KATALONIEN

KATALONIEN

Katalonien ist eine Region der klimatischen Gegensätze. Vom rauhen Hochgebirgsklima der Pyrenäen im Norden bis zu den subtropischen Temperaturen des Ebrodeltas im Süden. Die im Nordosten der Iberischen Halbinsel gelegene Landschaft unterscheidet sich von allen anderen spanischen Regionen durch ihre außerordentlich vielseitige Küche, in der sowohl Fleisch- als auch Fischgerichte eine bedeutende Rolle spielen. So ist die katalanische Küche in jedem Kapitel der spanischen Kochkunst mit eigenen Kreationen vertreten. Berühmt sind die Suppen aus dieser Region. Zum Beispiel die »escudella i carn d'olla«*, ein aufwendiger Suppentopf mit außergewöhnlichen Zutaten. Außerdem gibt es Suppen mit Rebhuhn, Kaninchen oder verschiedenen Fischsorten wie Stockfisch und Seeteufel. Und solche, die mit Thymian oder Minze aromatisiert werden. Sie alle spielen eine wichtige Rolle in der katalanischen Küche. Auch Geflügelgerichte wie Ente mit Äpfeln, Oliven oder Feigen sowie Gans mit Birne haben eine lange Tradition. Besonders populär sind außerdem Gerichte mit Kalbfleisch, vor allem Kalbfleisch aus der Provinz Gerona, das mit Lammfüßen kombiniert eine köstliche Spezialität ist.*

Ein weiterer Grundpfeiler der katalanischen Küche ist das Schwein. Zum einen wegen des aus ihm gewonnenen Schweineschmalzes, zum anderen, weil es Bestandteil der berühmtesten katalanischen Gerichte ist: von »lomo frito con alubias blancas«*, gebratenem Schweinerücken mit weißen Bohnen, über* »el tocino«*, Schinkenspeck, der gerne mit Spiegeleiern gegessen wird, bis zu dem für die Pyrenäen so typischen Gericht* »trinxat amb rosta«*, Kohl mit Kartoffeln und Speck. Große Bedeutung haben auch die aus Schweinefleisch hergestellten Würste. Sehr begehrt sind die der Salami ähnlichen Hartwürste* »salchichones de Vic« *und die daraus abgeleitete* »fuet«*, die* »butifarra blanca y negra«*, eine weiße oder schwarze (mit Blut hergestellte) Bratwurst, die* »bisbe«*, eine aus Innereien, Zunge und Speck zubereitete Blutwurst sowie die mit Trüffeln gefüllte* »butifarra catalana«.

Noch heute werden die »Cavas« während der Flaschengärung von Hand gedreht.

Zu den Besonderheiten bei den Wildgerichten zählen »perdiz con coles«*, Rebhuhn mit Kohlrouladen,* »conejo con peras«*, Kaninchen mit Birnen,* »liebre con castañas«*, Hase mit Kastanien und die sehr vielseitig zubereiteten* »codornices«*, Wachteln.*

Die Küstengewässer der Provinz Gerona sind bekannt für ihren Reichtum an den verschiedensten Fischen. Jahrhundertelang war Katalonien ein Land, in dem Fischgerichte eine viel geringere Rolle spielten als die Speisen mit Schweine- und Lammfleisch, mit Geflügel, Wild oder Gemüse. Seit einiger Zeit jedoch sind Fischgerichte in der katalanischen Gastronomie wieder groß im Trend. Es gibt die »salmo-

netes«, Rotbarben, die »sardinas«, Sardinen, die »caballas«, Makrelen, und die »anchoas«, Sardellen. Der beste unter ihnen ist wohl der »mero«, der auf verschiedene Art zubereitete Zackenbarsch: entweder auf dem Holzkohlenfeuer gegrillt, im Ofen gebacken, in der Pfanne gebraten oder als Bestandteil des unvergeßlichen »suquet«. »Suquet« *ist ein köstlicher Fischtopf, der ursprünglich von den Fischern der Costa Brava kreiert wurde und der neben Heilbutt auch mit Wolfsbarsch oder Zahnbrasse zubereitet wird. Typisch katalanisch ist auch die Verbindung von Fleisch und Fisch in einem Gericht wie z. B.* »pollo y langosta«, *Hähnchen mit Languste. Nicht zu vergessen die mit Meeresfrüchten zubereiteten Reisgerichte.*

Der Gemüsereichtum Kataloniens bildet die Grundlage köstlicher Salate, typischer Gerichte wie »espinacas a la catalana«, *mit Pinien und Rosinen zubereiteter Spinat, und vor allem der* »escalivada«, *einer kalten Gemüseplatte, deren Zutaten zunächst in der Glut eines Holzkohlenfeuers gegrillt und dann geschält werden. Eine besondere Delikatesse ist die aus Auberginen, Zucchini, Paprikaschoten, Tomaten und Zwiebeln hergestellte »sanfaina«-Sauce, die gerne in Kombination mit Hähnchen als* »pollo con sanfaina« *auf den Tisch kommt.*

Sehr beliebt sind auch die katalanischen Desserts und süßen Backwaren: z. B. die köstlichen »monas de Pascua«, *Ostereier aus Bitterschokolade, oder die wunderbaren* »panellets«, *ein nur zu Allerheiligen hergestelltes Gebäck aus Mandeln, Pinienkernen, Kokosflocken und anderen Ingredienzen. Ganz typisch für Weihnachten ist der* »turrón«. *Das ist eine Süßigkeit auf der Grundlage von Mandeln, für die es eine Vielzahl verschiedener Rezepte gibt. Zum Namenstag des Hl. Johannes und zu Sankt Peter gibt es* »tortells«, *gefüllte Kranzkuchen. Die berühmte* »crema catalana«, *eine Cremespeise mit Karamelkruste, aßen die Katalanen ursprünglich vor allem am Sankt-Josephs-Tag.*

Abbildung Seite 66/67: Castillo de Tamarit bei Tarragona.

Im Museum kann man heute Keltereianlagen aus dem Anfang des Jahrhunderts in Sant Sadurní d'Anoia betrachten.

Mittelmeerfische und Schweinefleisch

Katalonien ist von sehr unterschiedlichen Klimazonen geprägt: Hochlagen der Pyrenäen mit alpinem Klima bis hin zum Tiefland des Ebrodeltas mit nahezu subtropischen Temperaturen. Vor diesem Hintergrund muß man auch die katalanische Küche sehen. Zum einen gibt es die am Mittelmeer ausgerichtete Kochkunst auf Basis von Fischen und Meeresfrüchten, zum anderen die typische Küche der Pyrenäen mit Wild und Geflügel.

Unter den Suppen sind neben der »escudella i carn d'olla«, einem kräftigen Eintopf, die Suppe mit frischen Kräutern, die Suppe mit Thymiangeschmack, die Suppe mit Rebhühnern und Kaninchen wie auch die Suppe mit Nudeln und Stockfisch zu nennen. Nicht zu vergessen die Fischsuppe. Letztere wird vorzugsweise aus den wohlschmeckenden Fischen zubereitet, die zwischen den felsigen Klippen gefangen werden. Eine Spezialität von Barcelona ist zum Beispiel die Seeteufelsuppe.

Traditionelle Gerichte mit Geflügel sind beispielsweise eine mit Äpfeln gefüllte Ente oder Ente mit Oliven oder mit Feigen geschmort sowie Gans mit Birnen.

Bei den Fleischgerichten ist vor allem das Rindfleisch von Gerona zu nennen, aus dem sich hervorragende Ragouts zubereiten lassen. Lamm- und Kalbsfüße sind ebenfalls Grundlage eines traditionellen Gerichts.

Schweinefleisch ist ein wichtiger Bestandteil der katalanischen Küche und taucht in vielen Gerichten als Zutat auf. So etwa als gebratener Schweinerücken mit weißen Bohnen. Neben dem Speck, der sich hervorragend als Zutat zu Spiegeleiern anbietet und der in den Pyrenäen Hauptbestandteil des vorzüglichen »trinxat amb rosta« ist, findet auch Schweineschmalz reichlich Verwendung.

Besondere Bedeutung haben die Würste aus Schweinefleisch, hier vor allem die berühmten Hartwürste von Vic und die bekannte »fuet«. Ebenso wichtig sind die weißen bzw. schwarzen Bratwürste, »bisbe«, eine Blutbratwurst und vor allem die katalanische »butifarra«. Sie wird in der Regel mit Trüffeln gewürzt. Die »butifarra« wird für sehr viele Gerichte verwendet.

Rebhuhn mit Kohl, Kaninchen mit Birnen, Wildhase mit Kastanien oder Wachteln in all ihren Zubereitungsformen sind typische Wildspezialitäten.

Das Mittelmeer bietet Katalonien eine fast unbegrenzte Vielfalt an Fischen und Meeresfrüchten. Einer der wichtigsten Fische an der Küste von Gerona ist der Zackenbarsch, der auf die unterschiedlichsten Arten zubereitet werden kann: auf dem Grill, im Ofen, in der Pfanne gebraten oder in einem Fischeintopf, dem »suquet«. Zahnbrasse und Wolfsbarsch sind ebenfalls für dieses Gericht aus Mittelmeerfischen geeignet.

Ebenso beliebt sind Rotbarben und die etwas billigeren Sardinen, Makrelen und Sardellen.

Die Reisgerichte werden auf die unterschiedlichsten Arten zubereitet. Hier wäre vor allem zu nennen der Reis mit Meerspinnen und mit Frühlingserbsen. Und dann ein Gericht, das so typisch ist für Katalonien: die Languste mit Hühnchen.

Die fruchtbaren Gemüsegärten von Katalonien finden ihre Entsprechung in den großen Salatplatten oder in dem katalanischen Spinat mit Pinienkernen und Rosinen. Gemüse bildet auch die Basis der »escalivada« und der »sanfaina«. Eines der beliebtesten Gerichte der katalanischen Küche ist auch heute noch das Hühnchen mit »sanfaina«.

Für Katalonien weit wichtiger als die Desserts sind die Backwaren, beispielsweise diese hochaufgetürmten Ostertorten oder die »panellets«, eine Art Marzipanküchlein mit Pinienkernen, die nur zum Allerheiligenfest zu-

bereitet werden. Die zahlreichen Mandelplantagen bei Valencia und in Katalonien liefern die Rohmasse für die »turrones«, Leckereien aus Mandeln und Honig. Die gefüllten Kranzkuchen von San Juan und von San Pedro und dann vor allem die »crema catalana«, traditionell zubereitet zum Fest von San José, sind weit über die Landesgrenzen hinaus bekannt.

Abbildung links:
Typische Fischerboote im Hafen von Cambrils.

Abbildung unten:
Der frische Fang wird noch im Hafen versteigert.

SUQUET DE PEIX

Katalanischer Fischtopf

Der »suquet de peix« oder auch »peix amb suc« heißt wörtlich übersetzt: Fisch im eigenen Saft. Es ist ein typisches Gericht der Fischer von der Costa Brava und wird mit viel Muße und Geschick von den Köchen und Hausfrauen der Region zubereitet. Denn es ist eines der ganz großen Fischgerichte der Mittelmeerküche.

je 750 g Seeteufel, Goldbrasse, Rascasse (Drachenkopf), küchenfertig
1 mittelgroßer Fenchel
Salz
200 g Kartoffeln
2 Zwiebeln
1 Knoblauchzehe
1 scharfe rote Pfefferschote
1 Scheibe Weißbrot
1–2 EL Öl
50 g geschälte Mandeln
50 g Seeteufel-Leber
12 Miesmuscheln
6 Hummerkrabben (Riesengarnelen)

Wein: ein körperreicher Weißwein, z. B. aus La Mancha, Rueda

Von den Fischen die Köpfe abschneiden und waschen. Den Fenchel vierteln, waschen und mit den Fischköpfen in 2 Liter kochendes Wasser geben. Leicht salzen und ohne Deckel etwa 30 Minuten köcheln lassen. Den dabei entstehenden Schaum abschöpfen. Den Fisch in jeweils 6 Scheiben schneiden und mit Salz würzen. Die Kartoffeln schälen, waschen und in Scheiben schneiden. Zwiebeln schälen und in Ringe schneiden. Die Knoblauchzehen voneinander lösen und schälen. In einen Schmortopf nacheinander die Kartoffelscheiben, die Zwiebelringe, den Knoblauch (bis auf 3 Zehen), die Pfefferschote und die Fischscheiben schichten.
Die Fischbrühe durch ein feines Sieb abgießen und dann bis etwa zur Hälfte in den Topf gießen. Bei starker Hitze aufkochen, das Öl zufügen und 20 Minuten kochen lassen. Inzwischen das Weißbrot im heißen Öl knusprig braten. Dann die Seeteufel-Leber im Fett 2 bis 3 Minuten von jeder Seite braten. Die übrigen 3 Knoblauchzehen mit Brot, Leber und Mandeln ganz fein hacken. Kurz vor Ende der Garzeit diese Mischung mit Muscheln und Hummerkrabben in den Schmortopf geben. Sobald sich die Muscheln geöffnet haben, ist der Fischtopf fertig.

SOPA DE RAPE

Seeteufelsuppe

1 Zwiebel
2 mittelgroße Tomaten
1¾ kg Fischköpfe, wenn möglich von Seeteufel und -hecht
2 EL Öl
250 g Brunnenkresse
1–2 Scheiben trockenes Weißbrot
1 Handvoll geschälte Mandeln
1 Bund Petersilie
3 Knoblauchzehen
1 kleines Stück Seeteufel-Leber
etwas Öl

Wein: ein körperreicher Weißwein, z. B. aus Alella, Rioja de Crianza

Die Zwiebel schälen und fein hakken. Tomaten kleinschneiden. Die Fischköpfe waschen und in 3 Liter kochendes Wasser geben. Das Öl in einer Pfanne erhitzen und nacheinander Krebse, Zwiebeln und Tomaten anbräunen. Zu den Fischköpfen geben, etwas salzen und alles 15 bis 20 Minuten offen köcheln lassen. Dabei den Schaum abschöpfen. Dann die Fischbrühe durch ein feines Sieb in einen anderen Topf gießen und mit etwas zerriebenem Brot sämig machen. Das Fleisch aus den Fischköpfen lösen, in eine Suppenschüssel geben und warm stellen. Die Petersilie waschen und trockenschütteln. Knoblauch schälen. Die Fischleber im Öl braten (etwa 2 Minuten von jeder Seite). Petersilie, Knoblauch und Leber fein hacken und in die Brühe geben. Noch einmal aufkochen und die Suppe über das Fischfleisch in der Suppenschüssel gießen. Sofort servieren.

PERDIZ CON COLES

Rebhuhn mit Kohlrouladen

2 küchenfertige Rebhühner
Salz
Pfeffer
100 ml Olivenöl
100 g Schweineschmalz
150 g Schinkenspeck, gewürfelt
1 große Zwiebel
2 mittelgroße Karotten
1 Bund Gewürzkräuter
1 Gläschen Cognac
8 EL Wildfond (gibt es fertig zu kaufen)
1 Kopf Grünkohl
1 Ei
50 g Mehl
Öl zum Ausbacken

Wein: ein mehrjähriger Qualitätswein (»de reserva«), z. B. aus Borja, Méntrida

Die Rebhühner innen und außen mit einem feuchten Tuch abwischen und mit Salz und Pfeffer würzen. Olivenöl und Schweineschmalz in einem Schmortopf erhitzen und die Rebhühner zusammen mit den Schinkenwürfeln rundherum goldbraun anbraten. Die Zwiebel schälen und hacken. Karotten putzen und in dicke Scheiben schneiden. Beides mit dem Kräuterbund hinzufügen und goldgelb dünsten. Zuerst den Cognac und wenige Minuten später den Fond angießen. Topf mit einem Deckel verschließen und alles bei schwacher Hitze eine gute Stunde weitergaren. Inzwischen die Grünkohlblätter ablösen (die Strünke herausschneiden), waschen und in reichlich Salzwasser ca. 10 Minuten lang weichkochen. Dann gut abtropfen lassen. Aus den Blättern kleine Rouladen formen und fest zusammendrücken. Das Ei verquirlen. Die Kohlrouladen erst in Ei, dann in Mehl wenden und in einer Pfanne mit heißem Öl ausbacken.
Die Rebhühner aus dem Schmortopf nehmen, halbieren und auf einer großen, vorgewärmten Platte anrichten. Mit den Kohlrouladen und den Karottenscheiben garnieren. Den Bratensaft durch ein Sieb streichen und das Gericht damit übergießen. Sehr heiß servieren.

CONEJO CON PERAS

Kaninchen mit Birnen

1 küchenfertiges Kaninchen
Salz
Pfeffer
¼ l Öl
200 g Karotten
200 g Zwiebeln
50 g Lauch
25 g Sellerie
6 Birnen (ca. 650 g)
1 kleines Glas trockener Weißwein
1 l Fleischbrühe
1 Knoblauchzehe
1 Bund Petersilie
je 1 EL Mandeln und Haselnüsse

Wein: ein mehrjähriger Qualitätswein (»de reserva«), z. B. aus Yecla, Priorato

Das Kaninchen in 6–8 Teile zerlegen. Die Teile mit Salz und Pfeffer einreiben. Das Öl in einem Schmortopf erhitzen und die Kaninchenteile darin goldgelb anbraten. Den Topf von der Herdplatte nehmen, die Kaninchenteile herausnehmen und abgedeckt beiseite stellen. Das Gemüse putzen und kleinschneiden. Zusammen mit zwei in kleine Stücke geschnittenen Birnen andünsten. Wein und Fleischbrühe angießen. Geschälten Knoblauch, Petersilie, Mandeln und Haselnüsse hacken, zufügen und alles 15 Minuten kochen lassen. Diese Sauce mixen, durch ein Sieb passieren und zusammen mit dem Kaninchen in einen flachen, feuerfesten Tontopf geben. Mit Salz abschmecken. Das Gericht wieder erhitzen und 15 Minuten weiterdünsten. Dabei die Kaninchenteile mehrmals wenden. Inzwischen die übrigen Birnen halbieren (Kerngehäuse entfernen) und 3 Minuten vor Ende der Kochzeit zum Kaninchen in den Tontopf geben.

Tip:
Sie müssen nicht unbedingt ein ganzes, frisches Kaninchen besorgen. Bei uns werden auch einzelne Kaninchenteile tiefgefroren oder vakuumverpackt angeboten.

POLLO CON SANFAINA

Hähnchen mit Gemüseallerlei

Die katalanische »sanfaina« ist nicht zu verwechseln mit der kastilischen »chanfaina«, dem Eintopf aus Innereien.

1 großes Hähnchen, ca. 1 kg schwer
Salz
Pfeffer
200 ml Öl
300 g Zwiebeln
1 Knoblauchzehe
1 Lorbeerblatt
400 g reife Tomaten
100 ml Weißwein
⅛ l Brühe
300 g rote oder grüne Paprikaschoten
300 g Zucchini
300 g Auberginen
100 g Mehl

Wein: ein Rosé oder ein junger Rotwein, z. B. aus Ribeiro, La Mancha
Das Hähnchen waschen, trockentupfen, in 8 Teile zerlegen und rundum salzen und pfeffern. Etwas Öl in einem Schmortopf erhitzen und die Hähnchenteile darin gold-

braun anbraten. Die Zwiebel schälen und in dünne Streifen schneiden. Den Knoblauch schälen, hacken und beides zusammen mit einem Lorbeerblatt zum Hähnchen geben. So lange dünsten, bis die Zwiebel goldgelb ist. Tomaten überbrühen, häuten, entkernen und fein hakken. Unter die Zwiebel rühren und kurz anbraten. Den Wein angießen und einkochen lassen. Die Brühe hinzufügen und das Gericht bei schwacher Hitze weitergaren. Unterdessen die Paprikaschoten einölen und bei starker Hitze auf dem Rost im Ofen braten, bis die Haut richtig schwarz wird und sich leicht abziehen läßt. Zucchini und Auberginen schälen und zusammen mit den abgezogenen und entkernten Paprikaschoten in kleine Würfel schneiden. Das restliche Öl in einer Pfanne erhitzen und darin die gesalzenen und in Mehl gewälzten Gemüsewürfel goldgelb braten. Zum Hähnchen in den Schmortopf geben und weiterdünsten, bis das Hähnchen gar ist.

ARROZ A LA CASSOLA

Katalanische Reispfanne

2 EL Öl
200 g Schweinerippchen
ca. 200 g Kaninchenteile
4 mittelgroße oder 8 kleine Langustinen
1 mittelgroßer Kalmar
1 mittelgroße Zwiebel
2 reife Tomaten
1 Knoblauchzehe
Petersilie
400 g Rundkornreis
150 g Venusmuscheln
300 g Erbsen (frisch oder tiefgekühlt)

Wein: ein junger Rotwein, z. B. aus Ribera del Duero, Tarragona

Das Öl in einem Schmortopf erhitzen. Schweinerippchen und Kaninchen in kleine Stücke hacken und im heißen Öl anbräunen. Dann herausnehmen. Nun die Langustinen und den gesäuberten und in Scheiben geschnittenen Kalmar darin braten und ebenfalls herausnehmen. Die Zwiebel schälen, hacken und im gleichen Öl goldgelb dünsten. Tomaten überbrühen und häuten. Geschälten Knoblauch, Petersilie und Tomate fein wiegen und nacheinander hinzufügen. Den Reis einstreuen und unter Rühren anschmoren.
Inzwischen die Muscheln waschen und in einem Topf mit wenig Wasser kochen, bis sie sich öffnen. (Ungeöffnete Muscheln wegwerfen!) Die Erbsen 5 Minuten in 1½ Liter Salzwasser kochen. Die Muscheln und die Erbsen samt dem Erbsenwasser in die Reispfanne geben und 15 Minuten bei starker Hitze kochen. Die Reispfanne vom Herd nehmen und vor dem Servieren noch 3 Minuten nachgaren lassen.

FIDEUS A LA CASSOLA

Katalanischer Nudeltopf

300 g Schweinerippchen
1 EL Öl
1 mittelgroße Zwiebel
100 ml leichte Fleischbrühe
150 g Wurstbrät
3 reife Tomaten
500 g dicke Nudeln
Salz
Pfeffer

Wein: ein körperreicher, trockener Weißwein aus Albarino oder ein junger Rotwein aus Valdepeñas

Die in kleine Stücke geschnittenen Schweinerippchen in einem Schmortopf im Öl rundum anbraten. Die Zwiebel schälen, hacken und leicht anbräunen. Die Fleischbrühe angießen und so lange einkochen lassen, bis die Schweinerippchen weich sind. Falls erforderlich, noch etwas Wasser hinzufügen. Das Wurstbrät dazugeben und einige Minuten mitschmoren. Die Tomaten mit kochendem Wasser übergießen und häuten. Dann fein hacken und in den Topf geben. Zehn Minuten dünsten. Nudeln in den Topf geben und alles noch einmal gut durchschmoren. Kochendes Wasser zugießen, bis das Gericht ganz mit Flüssigkeit bedeckt ist. Bei starker Hitze weich kochen. Die Nudeln sollen dabei aber nicht zu weich werden, sondern noch Biß behalten. Mit Salz und Pfeffer abschmecken.

ENSALADA DE LENTEJAS

Linsensalat

300 g Linsen
1 große Zwiebel
2 Gewürznelken
1 Lorbeerblatt
1 kleiner Zweig Thymian
3 Karotten
3 weiße Rüben
1 Stange Bleichsellerie
Salz
5 schwarze Pfefferkörner
2 dünne Lauchstangen
1 Scheibe roher Schinken
1 Schalotte
1 Bund Schnittlauch
1 EL Essig
½ TL Senf
2–3 EL Olivenöl

Wein: ein fruchtiger Weißwein, z. B. aus Alella, Rueda

Die Linsen zwei Stunden lang einweichen. Danach noch einmal gründlich waschen. Die Zwiebel schälen und würfeln. Je 1 Karotte und weiße Rübe putzen und ebenfalls würfeln. Mit dem Sellerie und den Linsen in einen Topf geben. 2 Nelken, Lorbeerblatt, Thymian, ½ TL Salz und die Pfefferkörner zufügen und mit Wasser aufgießen, so daß alles bedeckt ist. Dann Linsen und Gemüse weich kochen. Danach das Wasser abgießen. Die übrigen Karotten, weiße Rüben und die Lauchstange waschen, putzen, fein würfeln und in wenig Salzwasser weich dünsten. Den Schinken würfeln und mit dem gedünsteten Gemüse über die Linsen streuen. Die Schalotte schälen und fein hacken. Schnittlauch in Röllchen schneiden. Den Essig mit 2 Prisen Salz, Senf, Schalotte, Schnittlauch und Öl zu einer Marinade rühren und den Linsensalat damit anmachen.

ESPINACAS A LA CATALANA

Spinat nach katalanischer Art

Ein für die Fastenzeit typisches Gemüse ist der Spinat. Die Katalanen, die ihn mit Malaga-Rosinen, Pinienkernen und schwarzem Pfeffer zubereiten, kennen eine interessante Version für dieses sonst eher schlichte Wintergemüse.

1½ kg Spinat
150 ml Olivenöl
1 Knoblauchzehe
100 g Pinienkerne
100 g Rosinen
Salz
schwarzer Pfeffer

Den gründlich gewaschenen Spinat 7–8 Minuten in Salzwasser kochen und in einem Sieb kräftig ausdrücken. Dann kleinhacken. Das Olivenöl in einer Pfanne erhitzen. Den Knoblauch schälen, im Öl goldgelb anbraten und wieder herausnehmen. Pinienkerne und Rosinen nacheinander in die Pfanne geben und braten, bis sich die Rosinen aufgebläht haben. Den Spinat hinzufügen und alles zusammen bei schwacher Hitze weiterdünsten, bis der Spinat recht heiß ist. Mit Salz und Pfeffer abschmecken.

BUÑUELOS DEL AMPURDÁN

Hefekringel aus dem Ampurdan

½ Würfel frische Hefe
100 ml Milch
350 g Mehl
3 Eier
50 g Zucker
50 g weiche Butter
abgeriebene Schale von 1 unbehandelten Zitrone
1 TL Schnaps
ca. ½ l Öl zum Ausbacken
Puderzucker zum Bestäuben

Wein: ein edler Dessertwein oder ein weißer Schaumwein, z. B. aus Cariñena, Jumilla

Für den Hefeteig müssen alle Zutaten zimmerwarm sein. Zunächst die Hefe in einer Rührschüssel mit etwas Milch auflösen, 150 g Mehl hineinrühren und 20 Minuten gehen lassen. Nun das restliche Mehl, Eier, Zucker, Butter, die Zitronenschale und den Schnaps mit dem Hefeteig verkneten. Die Schüssel mit einem Küchentuch zudecken und den Teig an einem warmen Ort drei Stunden ruhen lassen. Aus dem Hefeteig tischtennisballgroße Kugeln formen. Auf bemehlter Unterlage fingerdicke Würstchen rollen und Ringe formen. Vor dem Backen noch einmal gehen lassen.
In einer Friteuse das Öl erhitzen und die Kringel darin beidseitig goldbraun backen. Herausnehmen, gut abtropfen lassen (am besten auf Küchenkrepp) und mit Puderzucker bestäuben.

CREMA CATALANA

Katalanische Creme

Die »crema catalana« ist wohl die bekannteste Nachspeise in Katalonien. Dieses Dessert aus Milch und Eiern ist spanisch-jüdischer Herkunft. Ursprünglich wurde die »crema catalana« nur an großen Feiertagen, besonders am Sankt-Josephs-Tag (19. März) als festliche Nachspeise gereicht. Heute bekommt man sie überall und zu jeder Zeit. Ob diese Süßspeise nun mit oder ohne die typische Karamelkruste zubereitet wird, ist bei den katalanischen Feinschmeckern eine noch ungeklärte Frage. Während den einen die karamelisierte Zuckerschicht zu süß ist, macht sie für den anderen gerade die Faszination dieser Süßspeise aus.

Für 8 Personen:

1 l Milch
8 Eigelb
50 g Speisestärke
abgeriebene Schale von ½ unbehandelten Zitrone
250 g Zucker
Zimt

Wein: ein edler Dessertwein oder ein »Cava«, ein in Katalonien nach Champagner-Art hergestellter weißer Schaumwein

Die Milch mit Eigelb, Stärke, Zitronenschale und Zucker mit dem Handrührgerät schaumig schlagen. Die Creme in einem Topf unter ständigem Rühren langsam erhitzen, bis sie zu stocken beginnt. Vom Herd nehmen und in kleine feuerfeste Förmchen füllen. Vor dem Servieren mit Zucker und Zimt bestreuen und im Backofen bei starker Oberhitze überbacken bis der Zucker karamelisiert. Noch warm servieren.

KASTILIEN - LEÓN

KASTILIEN-LEÓN

Altkastilien und León besitzen eine solide Küche. Man sagt, es sei die »gran zona de los asados«, *die große Region der Braten. Besonders Lamm- und Schweinefleisch spielen eine große Rolle. Bevorzugt wird das Fleisch der jungen Tiere: knapp einjährige Jungschafe oder erst wenige Wochen alte Spanferkel, die in Brotbacköfen mit echter Kunstfertigkeit zubereitet werden. Aber es kommen nicht nur Braten auf den Tisch, sondern auch Lammfleisch aus Tonkasserollen, wie die* »caldereta de cordero a la pastora«. *Auch für Schweinefleisch gibt es viele Spezialitäten: von den Chorizo-Würsten aus Cantimpalos, dem Rohschinken und dem Preßsack aus Guijuelo, den* »morcillas« *aus Burgos bis hin zu dem unvergleichlichen segovianischen Bohneneintopf* »judiones de la Granja«.

Das kulinarische Angebot Kastiliens und des alten Königreichs León wird durch ein exquisites Angebot an Geflügel und Süßwasserfischen erweitert. Beliebt sind Tauben aus der Gegend von Palencia und Valladolid und Forellen aus den Flüssen Tiétar und Tormes; besonders die Forellen von Puebla de Sanabria. Im klaren Wasser tiefer Lagunen gedeihen

Abbildung Seite 78/79: Segovias märchenhafter Alcázar.

Abbildung rechts: Gemauerter Holzbackofen, in dem Brot und »Asados« gebacken werden.

Abbildung unten: Taubenhaus in der Hochebene Meseta.

hervorragende Schleien. Berühmt sind die »pececillos«, *die kleinen Fische des Adaja-Flusses. Nicht zu vergessen die schmackhaften Flußkrebse von Burgos.*

Kastilien-León ist aber auch berühmt für seine »tortillas«, *die typisch spanischen Eierkuchen, und für Gerichte wie* »huevos revueltos con esparragos trigueros«, *Eier mit grünem Spargel. Ausgezeichnet sind die* »migas canas«*: das sind in Milch getränkte und dann gebratene Brotwürfel; ein Gericht mit uralter Tradition, das ursprünglich von den Hirten zubereitet wurde.*

Obwohl man sich in Kastilien nicht so sehr viel aus Süßigkeiten macht, haben die Köche der Klöster köstliche Süsspeisen kreiert: Köstliche Cremedesserts und die »yemas de Ávila, de Almazán, de Segovia«, *die aus viel Zucker und Eidottern hergestellt werden.*

Die Plaza Mayor in Salamanca ist die großartigste von ganz Spanien.

Lamm und Spanferkel

Wenn man die spanischen Regionen bereist und dabei die verschiedenen Küchen der Halbinsel kennenlernt, so wird man feststellen, daß die Qualität der Produkte im allgemeinen eher durchschnittlich ist. Dabei gibt es natürlich Ausnahmen, vor allen Dingen beim Lammfleisch. Eine Qualitätssteigerung beim Lammfleisch wurde möglich, weil die Schlacht- und Transportmethoden wesentlich verbessert werden konnten. Dadurch wurde dem Lammfleisch auch der starke, schon beinahe unerträgliche Beigeschmack weitgehend entzogen. So kann man heute in fast allen spanischen Restaurants bedenkenlos Gerichte mit Lamm bestellen. Lammkoteletts, Lammhaxe oder die vielseitigen Schmorgerichte mit Lammfleisch schmecken so gut, wie sie aussehen. Lammfleisch war in Altkastilien immer so hervorragend, daß das Lamm sich quasi zur Kultfigur der kastilischen Küche entwickelt hat.

Von nicht geringerer Bedeutung ist das Spanferkel, für das es sogar sieben verschiedene Bezeichnungen gibt: cerdo, tostón, cochinillo, puerco, marrano, guarro und lechón. Schon die Römer haben es sehr geschätzt, und Apicius hatte das Gericht in seine Rezeptsammlung aufgenommen. Auch bei Königen und Kardinälen fand das Spanferkel großen Gefallen. Zum Glück ist der Genuß dieses Gerichts heute kein königliches Privileg mehr.

Der schon weit über 80jährige berühmte Meister Cándido führt uns in seinem »Mesón« im Schatten des stolzen römischen Aquädukts von Segovia in die hohe Kunst der Spanferkelzubereitung ein. Er erklärt, wie der Backofen beschaffen sein muß, der mit Pinien-Thymian- oder Ginsterholz befeuert wird. Dann erläutert er uns das Sprichwort: »El lechón, del cuchillo al asador«: »Das Ferkel vom Messer in den Backofen«, was soviel heißt wie »je weniger Zeit zwischen dem Schlachten und dem Braten des Tieres verstreicht, desto besser das Spanferkel«. Das gebratene Tier mit seiner goldenen, ja fast karamelisierten Haut kommt als Ganzes auf den Tisch, wo es dann vom Meister Cándido selbst mit einem Ausadruck triumphaler Apo-

Abbildung rechts:
Schafherden prägen das Bild der kargen Hochfläche von Kastilien.

Abbildung unten (1.):
Schafe im natürlichen Umgang mit der Vergangenheit – hier vor dem Castillo de Coca.

Abbildung unten (2.):
Junge Lämmer und Mutterschaf.

theose durch den Schlag mit einer Tellerkante tranchiert wird. Mit keiner anderen Methode könnte er die hohe Qualität und die Zartheit des im richtigen Moment aus dem Ofen geholten Fleisches besser demonstrieren.

Bei der Zubereitung von Lammgerichten legen die Kastilier Wert auf traditionelle Rezepte, die sich erheblich voneinander unterscheiden. Eine besonders schmackhafte Spezialität stellt zum Beispiel die »pierna de cordero rellena« dar, die gefüllte Lammkeule. Die Füllung besteht aus Spinat, Tomaten, Eiern und rohem Schinken, gewürzt mit Knoblauch sowie einem Gläschen Sherry.
Kastilien und León sind im Grunde Bauernland geblieben. Madrid, die auch kulinarische Metropole, liegt für das Alltagsbewußtsein Lichtjahre entfernt, weit hinter den abweisenden Kämmen des Kastilischen Scheidegebirges. In den Dörfern Alt-Kastiliens wird deutlich, daß die Bauern trotz technischer Errungenschaften bodenständige Menschen sind, die vom Wechsel der Jahreszeiten und vom Lauf der Natur abhängen.
Einfache Gerichte bilden die Basis der Küche von Altkastilien und León. Für bis ins letzte ausgeklügelte »Kreationen« hat auf diesen steinigen, flachen Hochebenen schon seit jeher der Sinn gefehlt. Hoch in Blüte standen statt dessen die Jagd und die Viehzucht. Die traditionellen Bratengerichte Altkastiliens passen hervorragend zum Charakter dieser weiten Landschaften. Wer das Leben abseits des quirligen Getriebes liebt, wer vor krassen Temperaturunterschieden (bitterkalte Winter, flirrende Sommerhitze) nicht zurückschreckt, der kommt hier auf den Geschmack. Beispielsweise bei einem »sofrit payés«, dem landestypischen Bauerneintopf. Dessen Basis bilden Lamm und Huhn, Würste und Kartoffeln, zur Abrundung kommen verschiedene Gewürze und Gemüse hinzu. Wie hier allgemein üblich, muß das Fleisch stundenlang in einer gußeisernen Kasserole auf dem Herd schmoren, ehe der Eintopf serviert wird. Das Ergebnis ist kastilische Hausmannskost, die bei Kräften hält.

Ansonsten ist Spanien ja nicht gerade wegen seiner Kartoffelgerichte bekannt. Natürlich haben sich im Zuge der touristischen Überflutung vor allem an den Küstenorten die unvermeidlichen Pommes frites bis in die letzten Winkel der Ferienorte ausgebreitet. Doch im Hinterland, im Landesinneren, haben die Pommes frites bisher noch keine allzu großen Breschen in die traditionellen Tortilla-Wälle schlagen können.
Kastilien ist *die* spanische Tortilla-Bastion. Wenn man auf einer Speisekarte heutzutage eine »tortilla Española« entdeckt, so handelt es sich in Wirklichkeit um ein Grundrezept aus Kastilien. Insofern weist die Tortilla durchaus Parallelen zur Pizza auf, deren neapolitanische Herkunft nach ihrem weltweiten Siegeszug ebenfalls kaum noch ins Bewußtsein dringt. Zurück in die altkastilische Küche. Dort brutzeln gerade feinstgeschnittene Kartoffeln in heißem Olivenöl. Kleingehackte Zwiebeln kommen hinzu und werden mitgebraten, verquirlte Eier unter die Kartoffeln gerührt, Gewürze in die Pfanne gestreut. Dann – mit Schwung – die gebratene, aber nicht zu sehr gebräunte Tortilla auf einen Teller stürzen und sie umgekehrt in die Pfanne zurückgleiten lassen, damit auch die Rückseite im Olivenöl leicht bräunt.
Ein deftiger Genuß, der es durchaus mit Schweizer Rösti aufnehmen kann. Doch im Unterschied zu unseren Schweizer Nachbarn, für die Rösti ja »nur« eine Beilage darstellen, wird in Kastilien und León eine Tortilla durchaus auch als sättigendes Hauptgericht serviert. Der Anreicherung durch weitere Produkte sind natürlich keine Grenzen gesetzt. So gibt es Tortilla mit Pilzen und Spargel, mit Wurst und Schinken, mit Krebsschwänzen und Krabben. Man kann also die Tortilla sicherlich als die »Pizza Spaniens« bezeichnen, ohne daß man den Kastiliern und den Neapolitanern zu nahe treten und die europäische Speisekarte nivellieren möchte.

CALDERETA DE CORDERO A LA PASTORA

Lammtopf nach Hirtenart

Dies ist ein traditionelles Lammgericht der Hirten, das sie gewöhnlich auf der Weide, unter freiem Himmel zubereitet haben. Als Zutaten verwendeten sie Knoblauch, Thymian sowie Hirn, Leber und Schulter vom Lamm. Ein typisches Essen für die kalte Jahreszeit, denn es wird kräftig mit schwarzem Pfeffer und scharfem, rotem Paprikapulver gewürzt.

Für 6 Personen:

¼ l Öl
1 Zwiebel
2 kg Lammschulter
100 g Lammleber
2 EL Semmelbrösel
1 EL scharfes Paprikapulver
2 EL Essig
Knoblauch
½ Lammhirn (beim Metzger bestellen!)
getrockneter Thymian
Salz
schwarzer Pfeffer

Wein: ein körperreicher Rotwein, z. B. aus Almansa, Borja

Öl in einem Schmortopf erhitzen. Die Zwiebel schälen, hacken und darin goldgelb dünsten. Die Lammschulter in ca. 50 g schwere Stücke schneiden und zusammen mit der sehr klein gehackten Leber in den Topf geben. Das Fleisch 10 Minuten schmoren. Dann Semmelbrösel, Paprikapulver und Essig hinzufügen. Geschälten Knoblauch, Thymian und Lammhirn fein zerkleinern und unter das Fleisch mischen. So viel Wasser angießen, bis das Lamm gut mit Flüssigkeit bedeckt ist. Mit Salz und Pfeffer würzen. Dann 40 Minuten lang kochen. Die Herdplatte ausschalten und den Lammtopf vor dem Servieren noch eine Stunde lang nachgaren lassen.
Anstelle von scharfem Paprikapulver kann man auch ½ rote Pfefferschote und Rosenpaprika verwenden.

LECHAZO CASTELLANO

Milchlamm nach kastilischer Art

¼ Milchlamm (ca. 1½ kg)
1 EL Schweineschmalz
Salz

Wein: ein körperreicher, möglichst mehrjähriger Qualitätsrotwein, z. B. aus Rioja, Ribera del Duero

Das Lamm mit der Innenseite nach oben in einen flachen, feuerfesten Tontopf legen und etwas Wasser, Salz und das Schweineschmalz hinzufügen. Die Form mit Alufolie zudecken und das Lamm eineinhalb Stunden bei schwacher Hitze schmoren. Dann umdrehen und die Außenseite salzen. Noch 20 Minuten bei starker Hitze goldbraun braten.

SOPA CASTELLANA

Kastilische Suppe

Für 6 Personen:

100 g Schweineschmalz oder Öl
3 Knoblauchzehen
100 g magerer Schinken
6 kleine Scheiben Weißbrot vom Vortag
1 EL Rosenpaprika
1 l Fleischbrühe
6 Eier
wahlweise etwas Kümmel

Wein: ein trockener Weißwein oder Rosé, z. B. aus Albarino, Ribeiro

Das Fett in einer Pfanne erhitzen. Knoblauch schälen, in Scheiben schneiden und darin goldgelb dünsten. Den Schinken würfeln, mit den Brotscheiben zufügen und 2 Minuten lang braten. Das Paprikapulver einstreuen und nach und nach mit der Brühe ablöschen. Die Suppe mit Salz würzen und in 6 kleine Tonschüsseln verteilen. Eier aufschlagen und je eines behutsam in eine Suppenschüssel gleiten lassen. Dann 3 Minuten im Ofen überbacken, bis das Eiweiß stockt. Mit etwas Kümmel bestreuen und sehr heiß servieren.

Anstelle der kleinen Tonschüsseln kann auch eine große feuerfeste Form verwendet werden.

PICHONES ASADOS

Gebratene Tauben

250 g Linsen
4 junge Tauben, küchenfertig
4 EL Schweineschmalz
8 Knoblauchzehen
½ Lorbeerblatt
Oregano
2 cl Cognac
4 EL Bouillon
Salz
Pfeffer

Wein: ein mehrjähriger roter Qualitätswein (»de reserva«), z. B. aus Rioja, Penedès

Linsen zwei Stunden in kaltem Wasser einweichen. Die Tauben gleich beim Wild- oder Geflügelhändler bratfertig vorbereiten lassen. (Die Innereien mitnehmen.) Das Schweineschmalz, die ungeschälten, aber eingeritzten Knoblauchzehen, Lorbeerblatt und etwas Oregano in einem Schmortopf erhitzen. Die Tauben innen und außen mit einem feuchten Tuch abreiben. zunächst bei starker Hitze rundum goldbraun anbraten. Dann bei niedriger Temperatur die Innereien hinzufügen und einige Minuten mitschmoren. Mit Cognac und Fleischbrühe ablöschen. Den Topf mit einem Deckel verschließen und das Gericht weiterköcheln, bis die Tauben gar sind.
In der Zwischenzeit die Linsen in einem separaten Topf in Wasser weich kochen, mit Salz und Pfeffer würzen und zu den Tauben reichen.

COCHINILLO ASADO

Gebratenes Spanferkel

Für 6 Personen:

1 Spanferkel (es sollte möglichst nicht älter als 3 Wochen sein)
einige Lorbeerblätter
50 g Schweineschmalz
Salz
Pfeffer
2 Knoblauchzehen

Wein: ein mehrjähriger roter Quialitätswein (»de reserva«) z. B. aus Rioja, Ribera del Duero

Lorbeerblätter mit 200 ml Wasser in einen Bräter geben. Das bratfertige Spanferkel innen und außen mit weichem Schweineschmalz bestreichen, mit Salz und eventuell etwas gemahlenem Pfeffer einreiben. Zusammen mit den ungeschälten Knoblauchzehen in den Bräter legen und im Ofen bei mittlerer Hitze braten. Wegen seines hohen Fettgehalts muß das Spanferkel langsam zubereitet und immer wieder mit dem eigenen Saft übergossen werden. Erst wenn der Bratensaft fast völlig eingekocht ist, ist das Spanferkel gar. Um eine knusprige Kruste zu erhalten, sticht man, sobald das Spanferkel goldgelb gebraten ist, mit einer Nadel mehrmals in die Haut. Dadurch kann auch die sich darunter bildende Luft entweichen.

TRUCHAS ESCABECHADAS

Marinierte Forellen

Rezepte für Marinaden (im span. »Escabeche«) brachten wahrscheinlich die Mauren auf die Iberische Halbinsel. Zum Haltbarmachen von Fisch und anderen Lebensmitteln, aber auch zum Würzen wurden sie damals schon verwendet. Das Grundrezept gibt es heute noch. Man braucht: erhitztes Öl, Wein oder Essig, Lorbeerblätter und andere Gewürze und Kräuter.

Für 6 Personen:

6 Forellen von je 200 g, küchenfertig
Pfeffer
Salz
2 EL Mehl
300 ml Öl zum Anbraten
4 Knoblauchzehen
3 Lorbeerblätter
1 Bund Petersilie
1 TL getrockneter Thymian
200 ml Fischfond (aus dem Glas)
200 ml trockener Weißwein
200 ml Essig

Wein: Hier empfiehlt sich eher ein Bier als ein Wein, da das Gericht mit Essig zubereitet wurde.

Die Forellen waschen, mit Küchenkrepp trockentupfen und innen mit Salz und Pfeffer einreiben. Dann die Fische im Mehl wenden, im Öl scharf anbraten und nebeneinander in eine große, flache Schüssel legen. 200 ml von dem Fritieröl in einer anderen Pfanne erhitzen und darin geschälten Knoblauch, Lorbeerblätter, Thymian und Petersilie anbräunen. Mit Fond, Wein und Essig ablöschen. Die Flüssigkeit auf die Hälfte einkochen lassen und über die Fische gießen. Die Forellen 24 Stunden in der Beize durchziehen lassen (im Kühlschrank) und sehr kalt servieren.

YEMAS DE SEGOVIA

Eikonfekt aus Segovia

Für 8 Personen:

200 g Zucker
abgeriebene Schale von 1 unbehandelten Zitrone oder Orange
16 Eigelb
250 g Puderzucker
Kokosraspel zum Bestreuen

Wein: ein edler, halbsüßer Dessertwein, z. B. ein Sherry oloroso

In einem kleinen Topf den Zucker und 1 Eßlöffel Wasser pro Eigelb (also 16 Eßlöffel) und die Zitronen- oder Orangenschale zu einem dicken Sirup kochen.
Eigelb schaumig rühren und durch ein feines Sieb in eine Rührschüssel passieren. Den heißen Sirup in die Eimasse einrühren. Dann die Schüssel in einen Topf mit leise kochendem Wasser stellen und unter ständigem Rühren die Zucker-Eier-Masse stocken lassen. Sobald sie sich vom Topfboden löst, von der Herdplatte nehmen und abkühlen lassen. Nun mit dem Puderzucker verkneten und kleine Kugeln formen und in Konfektpapier setzen. Nach Belieben mit Kokosraspeln bestreuen.

HUEVOS CON ESPÁRRAGOS TRIGUEROS

Verlorene Eier mit grünem Spargel

»Espárrago triguero« so heißt der dünne grüne Spargel, der in vielen Gebieten der Iberischen Halbinsel wild wächst. Man kombiniert ihn gerne mit »tortillas«, (spanischen Eierkuchen), mit Omelett oder, wie im folgenden Rezept, mit pochierten Eiern.

Für 6 Personen:

4 Bund grüner Spargel
Salz
12 Eier
100 ml Essig
0,2 l Öl
4 Knoblauchzehen
½ EL Paprika (edelsüß)
ein Schuß Essig

Wein: Zu Spargel empfiehlt sich im allgemeinen kein Wein. Wer dennoch nicht darauf verzichen möchte, kann einen jungen Rotwein oder Rosé dazu wählen, z. B. aus Ribera del Duero

Den Spargel in Salzwasser knapp weich kochen. Einen Liter Wasser mit Essig und 1 gestrichenem Teelöffel Salz zum Kochen bringen und die Eier darin pochieren: nacheinander die Eier vorsichtig in eine Tasse geben und dann in das Essigwasser gleiten lassen. Nach etwa 3 Minuten, wenn das Eiweiß fest geworden ist, mit dem Schaumlöffel herausnehmen und zusammen mit dem Spargel in einer flachen, feuerfesten Tonkasserolle anrichten. Die geschälten Knoblauchzehen hacken und in Öl goldgelb anbraten. Das Paprikapulver und einen Schuß Essig hinzufügen, zu einer Sauce verrühren und über Spargel und Eier geben. Das Gericht vor dem Servieren noch einmal kräftig erhitzen.

JUDIONES DE LA GRANJA

Kastilischer Bohnentopf

Für 6 Personen:

500 g getrocknete, weiße Bohnen
1 Schweinsohr
1 Schweinsfuß
100 g roher, luftgetrockneter Schinken
100 g Paprikawurst
1 mittelgroße Tomate
200 ml Olivenöl
1 Zwiebel
1 Knoblauchzehe
1 eingelegte, rote Paprikaschote
1 Bund Petersilie
1 Lorbeerblatt
1 EL Paprika (edelsüß)
1 EL Mehl

Wein: ein körperreicher Rotwein, z. B. aus Alicante, Almansa

Die weißen Bohnen über Nacht in kaltem Wasser einweichen. Das Ohr und den Fuß vom Schwein, den Schinken

und die Paprikawurst in kleine Stücke schneiden und zusammen mit den Bohnen weich kochen. Die Tomate mit kochendem Wasser übergießen und die Haut abziehen. Das Tomatenfleisch fein hacken. Zwiebel und Knoblauch schälen und hacken. Paprika und Petersilie ebenfalls fein hacken. Das Öl in einer Pfanne erhitzen und Gemüse, Kräuter, Lorbeerblatt, Paprikapulver und das Mehl darin andünsten. Die Sauce zu den Bohnen geben, unterheben und mit Salz kräftig abschmecken. Das Gericht bei schwacher Hitze 30 Minuten weiterschmoren. Herdplatte ausschalten. Den Bohnentopf noch ½ Stunde nachgaren lassen.

CANGREJOS DE RÍO AL ESTILO DE BURGOS

Flußkrebse nach Art von Burgos

1 Zwiebel
350 g Tomaten
0,1 l Öl
24 Flußkrebse
1 Schnapsglas Cognac
½ Pfefferschote
reichlich Nelken
schwarzer Pfeffer
Salz

Wein: ein kräftiger, trockener Weißwein, z. B. aus Alella, La Mancha

Die Zwiebel schälen und fein hacken. Tomaten überbrühen, die Haut abziehen und das Fruchtfleisch pürieren. In einem Topf das Öl erhitzen und die Zwiebel anbräunen. Die Krebse hinzufügen und mit Cognac ablöschen. Nun das Tomatenpüree, die gehackte Pfefferschote sowie die zerstoßenen Nelken und den gemahlenen schwarzen Pfeffer unterrühren und mit Salz würzen. Die Krebse 10 Minuten kochen. In einer tiefen Schüssel sehr heiß servieren.

Flußkrebse sind bei uns selten geworden und deshalb entsprechend teuer. Günstigste Zeit: im Sommer vom 24. Juni an.

VALENCIA · MURCIA

VALENCIA-MURCIA

Die mittlere Ostküste Spaniens, die Levante, ist das größte Reis-Anbaugebiet des Landes. Deshalb wird es auch »zona de arroces«, Region der Reisgerichte, genannt. Die weltberühmte »paella« *kommt natürlich von dort, genauer gesagt aus der Provinz Valencia. Aber auch andere Spezialitäten mit Reis schmecken dort am besten:* »arroz con costra« *(Reis im Ofen überbacken),* »arroz con fesols i naps« *(Reis mit grünen Bohnen und weißen Rüben),* »arroz a banda« *(in Fischbrühe gegarter Reis).*
Die Provinzen Valencia und Murcia haben auch reichlich Fisch und Meeresfrüchte zu bieten: Langustinen (die aus den Küstengewässern von Vinaroz in Castellón sollen mit die besten in ganz Spanien sein), Muscheln, Aale (sie werden hier mit Knoblauch und Pfeffer zubereitet) und sogar Spezialitäten mit Schnecken und Fröschen.
Weil Valencia auch für seine saftigen Orangen berühmt ist, gibt es ein ganz besonders fruchtiges und erfrischendes Dessert: Orangensorbet.

In Murcia befindet sich ein fruchtbares Obst- und Gemüse-Anbaugebiet, das »huerta« heißt. Und auch hier gibt es Spezialitäten: »tortilla a la murciana« *(Gemüseomelett), knackig bunte Salate und einen Knoblauch von sehr guter Qualität. Aus ihm wird eine sensationelle, aber trotzdem einfache Knoblauchsauce aus Öl, Knoblauch und Semmelbröseln gemacht. Natürlich kommen auch Fleischgerichte nicht zu kurz. Auf den Weiden von Murcia grasen Schafe, die das Lammfleisch für köstliche Gerichte liefern. Gern wird auch mit Hähnchen oder mit Kaninchen gekocht. Und auch bei den Wurstwaren gibt es Spezialitäten, wie sonst nirgendwo: zum Beispiel* »obispo«*, eine Wurst in Schweinemagen. Nicht zu vergessen ist die Meeräsche aus dem Mar Menor bei Murcia, deren gepökelter Rogen als besondere Delikatesse gilt und manchmal Preise erzielt wie iranischer Kaviar.*

Abbildung Seite 90/91: Landschaft bei Totona (Murcia)

Abbildung rechts: Das Felsennest Guadalest bei Alicante.

Abbildung unten: Orangenbäume prägen die Levante-Zone.

Reis und Safran

Reis ist seit Jahrhunderten das Grundnahrungsmittel in der orientalischen Küche. Schon 2500 Jahre vor Christus baute man ihn in China an. Und sehr langsam setzte er sich dann auch in Europa durch. Nach Spanien brachten ihn die Araber. Die Mauren begannen mit dem Anbau. Sie kultivierten auch Gewürzkräuter und Safran, das kostbare gelbe Gewürz. Von ihnen stammt auch die Vorliebe, Süßes und Salziges bei der Zubereitung von Gerichten miteinander zu verbinden.
Ursprünglich war Safran eine wildwachsende Pflanze, mit dem Wildkrokus verwandt. Aber seit sehr langer Zeit schon wird er in der Küche zum Färben und Aromatisieren gebraucht. Die alten Griechen und Römer schrieben ihm sogar Heilkraft zu. Spanien zählt zu den ältesten Anbaugebieten für Safran in Europa.
Italienische Rezepte für Reisgerichte sind vielleicht moderner. Auf jeden Fall sind sie schlichter als die spanischen. Valencia wurde mit seinen Reisspezialitäten zum Vorbild für ganz Spanien. So beispielsweise in Katalonien, wo valencianische Bauern im 18. Jahrhunderrt den Reisanbau einführten. Die Königin unter den valencianischen Reisgerichten ist die »paella«, mit ihrer üppigen Vielfalt an Zutaten, die nur die Valencianer und die, die von ihnen gelernt haben, harmonisch miteinander zu kombinieren verstehen. Nachdem die arabischen Einwanderer entdeckten, daß es auch Rosinen und Datteln in Spanien gab, daß das Mittelmeer Fische, Muscheln und Krebse lieferte und Kaninchen sowie Hühner vorhanden waren, entstand aus der Kombination all dieser Produkte die Paella. Sie gilt als urspanisch und ist dennoch ein Beispiel für die befruchtenden Auswirkungen einer multikulturellen Gesellschaft, die auf friedlichem Miteinander beruht.
Was die »paella valenciana« mit dem italienischen »risotto alla milanese« verbindet, ist Safran. Es waren entweder die Phönizier oder die Araber, die den Safran nach Spanien brachten. Das Wort Safran ist arabischen Ursprungs und wurde in alle westeuropäischen Sprachen aufgenommen, wo die lateinische Bezeichnung *crocus* inzwischen in Vergessenheit geraten ist.
Dieses Gewürz verleiht den mannigfachen Reisgerichten, vor allem aber der »paella«, viel Farbe und Reiz. Heute wird anstelle von teurem Safran leider häufig ein preislich günstigerer, künstlich hergestellter, geschmackloser Farbstoff verwendet.
Stierkampf, Flamenco, Fußball, Sherry, Paella: auf diese »Highlights« beschränken sich für manchen Touristen Spaniens »Nationaleigenschaften«. Wer dies so sieht, hat allerdings nur an der Oberfläche gekratzt.
Andererseits: um Spaniens Seele zu schmecken, eignet sich eine Paella natürlich ganz hervorragend. Die beste wird nach wie vor in und um Valencia zubereitet – sagen die Valencianer. Wer wollte dem widersprechen! Höchstens ein Katalane oder ein Andalusier.

Abbildung linke Seite:
Der Reisanbau im Ebro-Delta ist noch immer harte Arbeit.

Abbildung links:
Nach der Ernte wird der Reis zum Trocknen ausgeworfen.

Abbildung unten:
Safranfäden

PAELLA VALENCIANA

Reispfanne nach Art von Valencia

Die »paella valenciana« ist das berühmteste Reisgericht der spanischen Küche. Es ist ein Hauptgericht, für das es viele Arten der Zubereitung gibt. Traditionell wird es draußen, unter freiem Himmel, auf offenem Feuer gekocht. Die Zubereitung erfordert ein gewisses Maß an Können. Den Experten erkennt man nämlich daran, daß es ihm gelingt, den Reis körnig, »al dente«, zuzubereiten, aber die übrigen Zutaten trotz der langen Zubereitungszeit nicht zu zerkochen. Man braucht also etwas Übung, wenn es richtig »spanisch« schmecken soll.

200 ml Öl
Salz
1 Hähnchen, in 8 Teile zerlegt
150 g Schweinelende
4 Bratwürstchen
50 g Schinkenwürfel
1 rote oder grüne Paprikaschote
1 Knoblauchzehe
150 g grüne Bohnen
2 Artischocken
100 g Tintenfisch
3 mittelgroße Tomaten
1 TL Paprika (edelsüß)
2 Dutzend Weinbergschnecken
4 Garnelen
18 Venusmuscheln
12 Miesmuscheln
400 g Rundkornreis
4 EL Erbsen (frisch oder tiefgekühlt)
4 kleine Scheiben vom Seeteufel
3–4 Safranfäden
Pfeffer
1 Zitrone
1 Bund Petersilie

Wein: Der eine oder andere bevorzugt zur Paella einen Rosé. Ich dagegen empfehle eher einen jungen, leichten Rotwein, da das Gericht durstig macht, z. B. einen Wein aus Valencia

Außerdem: eine »paellera«. Man bekommt sie bei uns in Spanien-Geschäften oder gut sortierten Haushaltsläden. Die klassische valencianische »paellera« ist eine große, flache, runde Eisenpfanne mit 2 Griffen, in der die »paella« traditionell zubereitet wird. Man kann sich aber auch mit einer normalen großen Bratpfanne behelfen.

Paprika waschen, putzen und fein würfeln. Die Knoblauchzehe schälen und hacken. Die Bohnen etwa 10 Minuten in Salzwasser kochen, abgießen und mit kaltem Wasser abspritzen. Gut abtropfen lassen. Mit den Artischocken genauso verfahren (vorher den Stiel abschneiden). Dann in kleine Stücke schneiden. Die Tomaten mit kochendem Wasser übergießen, häuten und grob hacken. Das Öl in einer Pfanne erhitzen und das gesalzene Hähnchen- und Schweinefleisch sowie Bratwürstchen und Schinkenwürfel anbraten. Nun nacheinander Paprikaschote, Knoblauchzehe, grüne Bohnen, Artischocken und Tintenfischringe in die Pfanne geben und andünsten.
Venus- und Miesmuscheln in wenig Wasser kochen, damit sie sich öffnen. (Muscheln, die sich nicht geöffnet haben, wegwerfen!) Muschelbrühe durch ein Haarsieb abgießen und für den Reis aufbewahren.
Sofern erforderlich, mehr Öl in die Pfanne geben. Nun Tomatenstücke, Paprikapulver, gewaschene Schnecken und Garnelen hinzufügen. Alle Zutaten mit einem Schaumlöffel gut vermischen. Reis und Erbsen in die Pfanne geben und die Seeteufelscheiben, Venus- und Miesmuscheln darauf verteilen. Mit gut ¾ Liter Wasser oder Hühnerbrühe auffüllen. Dabei auch etwas Muschelwasser verwenden. Mit Salz, etwas Pfeffer und zerstoßenem Safran würzen. Von jetzt an darf das Gericht nicht mehr umgerührt werden. Einmal bei starker Hitze aufkochen, dann den Reis bei schwacher Hitze ausquellen lassen, wenn möglich, die letzten 5 Minuten im auf 180 Grad vorgeheizten Backofen. Dann die Paella noch einige Minuten außerhalb des Ofens nachquellen lassen. Die Zitrone vierteln und die Paella damit garnieren. Zum Schluß mit gehackter Petersilie bestreuen.

LA FIDEUA

Reis oder Nudeln mit Fisch und Meeresfrüchten

400 ml Öl zum Andünsten
500 g Meeresfrüchte nach Wahl
5 Knoblauchzehen
4 kleine, reife Tomaten
50 g geschälte Mandeln
2 Scheiben Weißbrot
3–4 Safranfäden
1 TL Paprikapulver oder gemahlene Pfefferschote
Salz
2 mittelgroße Zwiebeln
500 g Kartoffeln
1 kg Fisch (Seeteufel, Steinbutt, Heilbutt), küchenfertig
2 Eigelb
1 EL Semmelbrösel
Zitronensaft
Salz
⅛–¼ l gutes, kaltgepreßtes Olivenöl
400 g Reis oder Nudeln
etwas Öl zum Andünsten

Wein: ein Weißwein, leicht und trocken oder leicht perlend, z. B. aus Albariño

Das Öl in einem Schmortopf erhitzen und darin die Meeresfrüchte andünsten. Auf eine Platte legen und beiseite stellen.
Knoblauch schälen, 2 Zehen zur Seite legen. Die Tomaten mit kochendem Wasser übergießen, häuten und kleinschneiden. Die Mandeln in einer Pfanne ohne Fett anrösten. Dann die Zutaten für die Sauce in demselben Öl in folgender Reihenfolge anbraten: Knoblauch, Tomaten, Mandeln, Safran, Paprikapulver oder Pfefferschote, Weißbrot. Mit Salz würzen und alles in einem Mixer pürieren (wer keinen Mixer hat, hackt die Zutaten ganz klein). Die Sauce in einen Schmortopf zurückgeben und ¾ Liter Wasser angießen. Zwiebel schälen und in Ringe schneiden. Kartoffeln schälen und in Würfel oder Scheiben schneiden. Den Fisch waschen und in Stücke zerteilen. Sobald die Flüssigkeit kocht, die Zwiebeln, Kartoffeln und den Fisch in den Topf geben und mit Salz würzen. Wenn die Zutaten weich gekocht sind, die Meeresfrüchte hinzufügen. Nun die Brühe vorsichtig in einen Topf abgießen. Fisch, Kartoffeln und Zwiebeln auf einer Platte anrichten und mit Olivenöl oder Knoblauchmayonnaise übergießen.
Für die Knoblauchmayonnaise die übrigen Knoblauchzehen im Mörser zerstoßen und mit Eigelb und Semmelbröseln gut verrühren. Mit Zitronensaft und Salz abschmecken. Das Öl in einem feinen Strahl zugießen und dabei ständig mit einem Elektroquirl rühren, bis man eine dickliche Mayonnaise erhält.
Öl in einem Topf erhitzen. Den Reis oder die Nudeln andünsten. Mit der Brühe aufgießen und den Reis oder die Nudeln quellen lassen. Dann zum Fisch mit Meeresfrüchten und Kartoffeln reichen.

TORTILLA A LA MURCIANA

Gemüseomelett nach Art von Murcia

100 ml Öl
100 g gekochter Schinken
1 Zwiebel
1 Paprikaschote
1 Zucchini
1 Aubergine
2 reife Tomaten
6–8 Eier
Salz

Wein: ein junger Rotwein

Die Zwiebel schälen, Paprikaschote waschen und putzen. Beides mit dem Schinken fein hacken und in einer Pfanne mit heißem Öl goldgelb anbraten. Zucchini und Aubergine schälen, würfeln und in die Pfanne geben. Alle Zutaten gut miteinander vermischen und dünsten. Die Tomaten überbrühen, häuten und kleinschneiden. Dann in die Pfanne geben. Das Gemüse mit Salz würzen und 8 bis 10 Minuten lang weiterdünsten. Es darf nicht zu weich werden, sondern muß noch etwas Biß behalten. Die Eier in einer Schüssel kräftig verschlagen und über das Gemüse gießen. Die Eimasse bei schwacher Hitze stocken lassen und beidseitig goldgelb anbraten. Sobald sich die Tortilla vom Pfannenboden abheben läßt, kann man sie mit Hilfe eines Deckels wenden. Auf einer runden Platte anrichten.

ARROZ CON COSTRA

Ofenreis

Für 5 Personen:

125 g Kichererbsen
1 Schlackwurst
1 Zwiebel
½ Lorbeerblatt
200 ml Öl
250 g Bratwurst
1 Hähnchen
1 Knoblauchzehe
¼ l Fleischbrühe
400 g Reis
4 Eier

Wein: ein körperreicher Rotwein, z. B. aus Méntrida, Alicante

Die Kichererbsen über Nacht einweichen. Kichererbsen, Schlackwurst und die geschälte, halbierte Zwiebel mit dem Lorbeerblatt in 1½ Liter Wasser langsam weich kochen. Inzwischen in einer flachen Pfanne das Öl erhitzen. Die Bratwurst in Scheiben schneiden. Nacheinander die Bratwurstscheiben und die Hähnchenstücke goldgelb dünsten. Die Knoblauchzehe schälen, hacken und zufügen. Dann alle Zutaten gut vermischen. Die Fleischbrühe angießen und das Fleisch langsam weich dünsten. Die Zutaten sollten dabei einen festen Biß behalten.
Die Bratwurstscheiben aus der Pfanne nehmen und beiseite stellen. Den übrigen Pfanneninhalt in einen Schmortopf geben und auf den Herd setzen. Die Brühe der Kichererbsen angießen und zum Kochen bringen. Inzwischen die Schlackwurst leicht anbraten, in kleine Stücke schneiden und hinzufügen. Sobald die Brühe kocht, Reis und Kichererbsen einstreuen, salzen und gut umrühren. Nach einigen Minuten Kochzeit die Bratwurstscheiben auf Reis und Kichererbsen verteilen. Die Eier verquirlen und darübergeben. Dann bei starker Hitze im vorgeheizten Backofen überbacken, bis sich eine goldbraune Kruste bildet. Aus dem Ofen nehmen und vor dem Servieren noch einige Minuten ruhen lassen.

ENSALADA DE HORTELANO

Gemischter Salat

1 Endiviensalat
200 g Karotten
200 g Chicoree
250 g Salatgurke
100 g rote Bete (frisch gekocht oder aus dem Glas)
3 Stangen Bleichsellerie
1 Zwiebel
4 Tomaten
3 EL Sherryessig oder Weinessig
Salz
Pfeffer
6 EL Olivenöl
2 Bund Petersilie

Die Zutaten waschen, kleinschneiden und in einer großen Salatschüssel oder separat in Portionsschüsseln anrichten. Dazu eine Vinaigrettesauce aus Essig, Öl, Salz, Pfeffer und gehackten Kräutern reichen.

ARROZ A BANDA

Reis im Fischsud

Für 6 Personen:

500 g Kartoffeln
1 EL Öl
2 Zwiebeln
Pfeffer
3 kg Fisch (vorzugsweise Rochen oder Seeteufel), küchenfertig
Salz
⅛ l Öl
4 Knoblauchzehen
500 g Reis

Wein: ein körperreicher, trockener Weißwein, z. B. aus Alella, Rueda

Die Kartoffeln schälen und würfeln. Zwiebeln ebenfalls schälen, fein hacken und mit etwas Pfeffer im Öl goldgelb dünsten. Kartoffeln zufügen und anschmoren. Den Fisch in nicht zu kleine Portionsstücke teilen und salzen. Fisch auf die Kartoffeln legen und so viel Wasser angießen, bis das Gericht gut bedeckt ist. Im offenen Topf etwa 30 Minuten kochen (den Schaum, der dabei entsteht, abschöpfen). Dann die Flüssigkeit durch ein Sieb in einen Topf abgießen. Fisch und Kartoffeln auf einer Platte anrichten und warmstellen.
Das Öl in einem Schmortopf erhitzen und darin die geschälten, gehackten Knoblauchzehen und den Reis leicht anbräunen. Mit dem Fischsud aufgießen, eventuell etwas nachsalzen, und so lange dünsten, bis der Reis alle Flüssigkeit aufgenommen hat. Den Reis zu Fisch und Kartoffeln servieren.

DORADA A LA SAL

Goldbrasse im Salzmantel

Dieses ursprünglich von den Küstenfischern von Murcia erfundene Rezept ist heute fester Bestandteil der Speisekarten in den großen spanischen Restaurants. Die echte Goldbrasse gehört zu den besten, aber auch seltensten Fischarten des Mittelmeers. Im Salzmantel zubereitet, bleiben die eigenen Aromastoffe des Fisches optimal erhalten, und weiteres Würzen erübrigt sich. Wenn keine Goldbrasse zur Verfügung steht, kann dieses Rezept auch mit anderen frischen Meeresfischen zubereitet werden. Wichtig ist, daß diese einen starken Eigengeschmack besitzen und ihr Fleisch in kurzer Zeit gart.

1 Goldbrasse, ca. 1 kg schwer
3 kg grobkörniges Salz

Wein: ein körperreicher, trockener Weißwein, z. B. aus La Mancha

Die Goldbrasse weder ausnehmen noch schuppen. Auf einem tiefen Ofenblech eine fingerdicke Lage Salz verteilen. Die Goldbrasse darauflegen und oben und seitlich mit einer ebenso dicken Schicht Salz bedecken und

glattstreichen. Im vorgeheizten Backofen bei 200° etwa 30 Minuten backen. Sobald das Salz leicht gebräunt ist und Risse bekommt, ist der Fisch gar und kann im Salzmantel serviert werden.
Die Salzkruste läßt sich leicht lösen, wenn mit einem Löffel vorsichtig darauf geklopft wird. Anschließend die Kruste vom Fisch abheben.

GUISADO DE TRIGO

Eintopf mit Weizen und Kichererbsen

Dieses rein vegetarische Gericht stammt aus dem alten Königreich Murcia und wurde dort traditionell am Gründonnerstag gegessen. Nun hat man es als kulinarische Spezialität wiederentdeckt.

300 g Kichererbsen und
300 g Weizenkörner
500 g Kartoffeln
500 g grüne Bohnen
250 g Kürbis
1 mittelgroße Zwiebel
1 reife Tomate
2 EL Öl
3 Safranfäden
1 Topf frische Minze
Pfeffer
Salz

Wein: ein junger Rotwein, z. B. aus Almansa, La Mancha

Den Weizen und die Kichererbsen einweichen, am besten über Nacht. Die Kichererbsen in reichlich Wasser knapp weich kochen. Inzwischen Kartoffeln schälen, würfeln und zusammen mit dem Weizen, den gewaschenen Bohnen und dem Kürbis zu den Kichererbsen in den Topf geben. Zwiebel und Tomate sehr fein hacken, in heißem Öl andünsten und zum Gemüse geben. Mit zerstoßenen Safranfäden, etwas gehackter Minze, Pfeffer und Salz würzen und langsam weiterschmoren, bis alle Zutaten gar sind.

CORDEREO LECHAL AL ESTILO DE MURCIA

Milchlamm nach Art von Murcia

4 Keulen vom Milchlamm, je ca. 400–500 g schwer
100 g Schweineschmalz
1 große Zwiebel
2 Lorbeerblätter
1 kleiner Zweig Thymian
1 reife Tomate
0,7 l Weißwein
½ l Fleischbrühe
6 mittelgroße, säuerliche Äpfel
16 kleine Kartoffeln

1 EL Pinienkerne
2 Knoblauchzehen
1 Bund Petersilie
Salz
schwarzer Pfeffer

Wein: ein mehrjähriger Qualitätsrotwein (»de reserva«), z. B. aus Priorato

Die Knochen der Lammkeulen bereits beim Metzger auslösen und in kleine Stücke hacken lassen.
Das Schmalz in einem Schmortopf zerlassen. 2 Eßlöffel davon abschöpfen und in einer Tasse aufbewahren. Zwiebel schälen, hacken und zusammen mit den Lammknochen, den Lorbeerblättern, dem Thymian und der kleingeschnittenen Tomate in den Schmortopf geben. Bei schwacher Hitze 15 Minuten lang dünsten. Wein angießen und bei starker Hitze auf ⅓ seiner Menge einkochen lassen. Die Fleischbrühe zufügen und weitere 5 Minuten kochen. Die Sauce durch ein Spitzsieb in eine Schüssel passieren. Beiseite stellen.
Die Lammkeulen innen und außen mit Salz und Pfeffer würzen und mit dem restlichen Schmalz bestreichen. Die Äpfel schälen, vierteln und entkernen. Jede Lammkeule mit 6 Apfelstücken füllen, mit Holzspießchen verschließen und nebeneinander in eine feuerfeste Form legen.
Die Kartoffeln schälen und um die Lammkeulen legen. Knoblauch schälen und in Scheiben schneiden. Petersilie waschen und hacken. Pinienkerne, Knoblauch und Petersilie über die Lammkeulen streuen. Die Sauce angießen und die Lammkeulen mit den Kartoffeln im auf 220 Grad vorgeheizten Backofen 75 Minuten garen. Wenn die Keulen eine goldbraune Kruste haben, sind sie fertig.

ARRÒS AMB FESOLS I NAPS

Reis mit grünen und weißen Bohnen

Salz
250 g weiße Bohnen
6 kleine, weiße Rüben
400 g Schweinshaxe
200 g Schweineohr
1 kleiner Schweinefuß
100 g Räucherspeck
4 Blutwürste
400 g Reis
einige Safranfäden

Wein: ein junger Rotwein, z. B. aus Ampurdán, La Mancha

Die Bohnen über Nacht einweichen. In einem großen Topf 3 Liter leicht gesalzenes Wasser zum Kochen bringen. Die Bohnen im Sieb abtropfen lassen. Rüben putzen und in Scheiben schneiden. Nun Bohnen, weiße Rüben, Zutaten vom Schwein und die Würste langsam weich kochen. Fleisch und Würste herausnehmen, etwas abkühlen lassen und in kleine Stücke schneiden. Die Brühe mit Salz abschmecken und die Safranfäden zufügen. Den Reis einstreuen und bei kleiner Hitze 30 Minuten ausquellen lassen. Nach der halben Kochzeit die Fleisch- und Wurststücke dazugeben. Der Reis ist fertig, wenn er weich, aber nicht ganz trocken ist. Er soll sogar etwas »suppig« sein. Falls nötig, noch etwas Flüssigkeit zufügen.

SORBETE DE NARANJA

Orangensorbet

Für 6 Personen:

4 unbehandelte Orangen
150 g Zucker
1 Schnapsgläschen Campari

Die Orangen waschen. Die Schale mit einem Sparschäler hauchdünn abschälen (ohne die weiße Haut) und in feine Streifen schneiden. Zucker mit ⅜ Liter Wasser aufkochen. Die Orangenschalen zufügen und den Sirup 10 bis 15 Minuten einkochen.
Inzwischen den Saft aus den Orangen pressen, ½ Liter abmessen und beiseite stellen. Den Orangensirup durch ein feines Sieb in eine Schüssel gießen. Campari unterrühren und den Sirup abkühlen lassen. Dann den Orangensaft in den kalten Sirup rühren. Die Schüssel in den Tiefkühler stellen und das Sorbet mindestens 3 Stunden gefrieren lassen. Zwischendurch ein paarmal durchrühren, damit das Sorbet gleichmäßig gefrieren kann und nicht zu fest wird.

NEUKASTILIEN · MADRID · ESTREMADURA

NEUKASTILIEN, MADRID, ESTREMADURA

Die ursprüngliche Küche Neukastiliens ist ländlich-deftig. Hier gibt es nach wie vor einfache, traditionelle Gerichte. In der unendlich weiten Ebene der Mancha, die sich ohne festgelegte Grenzen im südöstlichen Teil Neukastiliens erstreckt, wird nach »Hirtenart« gekocht: zum Beispiel Suppen mit in Öl gebratenem Fladenbrot, oder Eintöpfe mit Lammfleisch. Außerdem gibt es verschiedene Wildgerichte, mit Rebhühnern oder Wildkaninchen, die ihren festen Platz auf den einheimischen Speisekarten haben. Denn die ausgedehnten Jagdgebiete Neukastiliens versorgen die Küchen mit allem, was die Jäger gern schießen und die Köche und Hausfrauen gern kochen.

Auch in Madrid wurde einfach und volksverbunden gekocht und gegessen. Heute jedoch kann man in der weltoffenen Hauptstadt Spaniens alles finden, was es an kulinarischen »Kreationen« gibt. Ein paar traditionelle Gerichte sind aber bis jetzt erhalten geblieben und werden sich auch weiterhin als original spanische Spezialitäten behaupten können. Der »cocido madrileño« *(ein deftiger Eintopf), gehört dazu, oder die* »callos a la madrileña« *(Kutteln wie sie nur in Madrid gemacht werden), oder die* »judias del tío lucas« *(ebenfalls ein Eintopf, mit weißen Bohnen, viel Knoblauch und Speck). Aus Madrid stammt auch das inzwischen weltberühmte Rezept für Eierkuchen mit Kartoffeln, die* »tortilla de patatas«.

Abbildung Seite 104/105: Windmühlen

Abbildung unten: Waghalsig über das Tal beugen sich die »hängenden Häuser« von Cuenca.

Der kulinarischen Vergangenheit von Estremadura gehören die Klosterküchen an. Berühmt waren die der Klöster von Yuste, Guadalupe und Alcantara. Durch ihre Künste wurde die regionale Küche beeinflußt. Heute kocht man außerordentlich schlicht. Denn die Estremadura ist eine ursprüngliche, sogar recht ärmliche Region mit einsamen Landschaften und Städten. Das Fleisch von Ziegen und Lämmern und das von Hoch- und Niederwild spielen hier eine wichtige Rolle.

Abbildung links:
Fast unauffällig sind die unterirdischen Weinkeller in der Mancha angelegt worden.

Abbildung unten:
Während der Fermentation lagert der Wein in riesigen tönernen Fässern.

Wild

Schon zu Zeiten des Römischen Reiches wurde Spanien wegen seiner außerordentlich großen Getreideproduktion die »Kornkammer Roms« genannt. Heute könnte man Spanien und insbesondere Neukastilien und Estremadura wegen ihres Reichtums an Hoch- und vor allem an Niederwild als »Jagdgebiet Europas« bezeichnen.
Denn in Estremadura, Neukastilien und Albacete befinden sich die großen Jagdgebiete Spaniens für Hoch- und Niederwild, darunter vor allem Rebhühner. Das Rothuhn (Alectoris rufa) ist heute unter den Wildarten Spaniens am weitesten verbreitet.

Früher stand das Kaninchen an erster Stelle. Aufgrund der aus Frankreich nach Spanien importierten Mixomatose-Epidemie ging die Zahl der Kaninchen jedoch drastisch zurück. Der frühere Reichtum an Kaninchen konnte bis heute nicht wieder erreicht werden. Das aus Nordafrika stammende Tier war schon im Spanien des Altertums so populär, daß der Dichter Catull Spanien als »cuniculosa Celtiberia«, das Keltiberien der Kaninchen, bezeichnete. Heute könnte man ähnliches von den Rebhühnern sagen, da Jagdliebhaber aus der ganzen Welt zur Rebhuhnjagd nach Spanien kommen.
Neben dem Rebhuhn sind vor allem folgende Niederwildarten populär: Hase, Wachtel, Schnepfe, Krickente und die mit Oliven gemästete Drossel.
Unter den Hochwildarten ist vor allem das Wildschwein

Abbildung rechts:
Vor allem in Neukastilien und Estremadura finden Jäger eine reiche Beute.

Abbildung unten:
Wildschweine gibt es auch heute noch häufig in der Estremadura und der Mancha.

in allen Regionen Spaniens verbreitet. Hauptsächlich in den sehr gepflegten kastilischen Jagdrevieren gibt es viele Hirsche, Damhirsche und Rehe.

Zur Jagdzeit durchstöbern etwa 2 Millionen spanische (Hobby)jäger Berge und Ebenen nach Jagdbeute. Die anschließende köstliche Zubereitung beherrschen die Jäger normalerweise genausogut wie das Erlegen.
Dabei orientieren sie sich an einem alten Sprichwort:

»De la liebre y el conejo lo que le da el sol,
y de la perdiz, lo que le da la sombra.«
Was soviel heißt wie:
»Köstlich vom Hasen und Kaninchen ist der Rücken,
vom Rebhuhn ist es die Brust.«

TORTILLA DE PATATAS

Kartoffelomelett

Spanien ist bekannt für seine »tortillas«. Für diese Eierkuchen gibt es viele verschiedene Rezepte. Eines aber wird in allen Regionen Spaniens zubereitet: die »tortilla de patatas«, die manchmal mit etwas Zwiebel, manchmal auch mit etwas Tomate, entweder als Häppchen, gewürfelt, oder als Hauptgericht auf den Tisch kommt. Denn die Tortilla schmeckt sowohl warm als auch kalt.

1 kg festkochende Kartoffeln
¼ l Olivenöl
8 Eier
Salz

Wein: Zur Tortilla paßt jeder Wein, auf keinen Fall aber ein süßer Weißwein.

Die Kartoffeln schälen, waschen, mit Küchenkrepp trocknen und in dünne Scheiben schneiden. Etwa ⅔ vom Öl in einer Pfanne erhitzen und darin die Kartoffeln ca. 15 Minuten auf schwacher Hitze und zugedeckt weichdünsten. Dann den Deckel abnehmen und die Kartoffeln bei starker Hitze kurz goldbraun anbraten. Überschüssiges Öl aus der Pfanne gießen.
Die Eier in einer Schüssel kräftig verschlagen und die Kartoffeln untermischen. Kräftig salzen und 15 Minuten stehen lassen. Öl in der Pfanne mäßig erhitzen. Die Kartoffel-Ei-Masse hineingeben, glattstreichen und einige Minuten stocken lassen. Dann mit Hilfe eines Deckels den Eierkuchen wenden und auch von der anderen Seite goldbraun backen.

GRATINADO DE BERENJENAS

Gratinierte Auberginen

4 dicke Auberginen
50 g Mehl
200 ml Olivenöl
1 kg reife Tomaten
1 Knoblauchzehe
getrocknetes Basilikum
Salz
50 g frischgeriebener Emmentaler- oder Parmesankäse

Die Auberginen der Länge nach in dünne Scheiben schneiden. In Mehl wenden und in heißem Öl beidseitig goldbraun braten. Auf Küchenkrepp abtropfen lassen.
Die Tomaten überbrühen, häuten, entkernen und mit geschältem Knoblauch pürieren. Mit Basilikum und Salz abschmecken. Die Auberginenscheiben in einen flachen, ofenfesten Tontopf schichten und jede Schicht mit Tomatensauce übergießen. Mit Käse bestreuen und 20 Minuten im auf 200 Grad vorgeheizten Ofen überbacken. Heiß servieren.

COCIDO MADRILEÑO

Madrider Suppentopf

Der »cocido madrileño« ist das Symbol der Madrider Küche und auch heute noch außerordentlich populär. Allerdings wird er in unserer schnellebigen Zeit kaum mehr zu Hause, am heimischen Herd, gekocht. Die Zubereitung ist nämlich sehr aufwendig. Ursprünglich bestand er aus drei Gängen: einer Suppe, die mit Minze gewürzt wird, einer Platte mit Kichererbsen, Kartoffeln und anderen Gemüsesorten, sowie einem dritten Gang mit verschiedenen Fleisch- und Wurstsorten. Zu Beginn dieses Jahrhunderts wurde er zum »cocidito madrileño«, dem kleinen Madrider Suppentopf vereinfacht. Den konnten sich die Maurer von zu Hause auf die Baustelle mitnehmen und auf einem kleinen Holzfeuer aufwärmen. All das ist jedoch bereits Geschichte. Heute ist der »cocido madrileño« ein Luxusgericht großer Madrider Restaurants, wo er den Gästen mit großem Pomp serviert wird.

Für 6 Personen:

500 g Kichererbsen
½ gepökelter Schweinsfuß
1 gepökeltes Schweineohr (die gepökelten Zutaten beim Metzger vorbestellen)
500 g Rindfleisch (Rücken oder aus der Schulter)
1 Rinderknochen
100 g Räucherspeck
100 g roher Schinken
1 Karotte
1 kleine weiße Rübe
1 Stück Knollensellerie
1 kleine Zwiebel, mit
1 Gewürznelke gespickt
½ Huhn
Salz
6 mittelgroße Kartoffeln
Pfeffer
1 großer Kohlkopf
60 g grüne Bohnen
1 Paprikawurst
1 Blutwurst
2–3 EL Öl
1 Knoblauchzehe
75 g Nudeln oder Reis als Suppeneinlage

Wein: ein junger Rotwein, z. B. aus Ribeiro, Tarragona

Kichererbsen mit dem Schweinsfuß und dem Schweineohr 12 Stunden lang in kaltem Wasser einweichen.
Rindfleisch, Rinderknochen, Schweinsfuß, Schweineohr, Räucherspeck und Rohschinken in einem großen Topf mit 3 Litern Wasser bei starker Hitze zum Kochen bringen. Sobald das Wasser kocht, den Schaum mit einem Schaumlöffel abschöpfen. Karotte, weiße Rübe und Sellerie putzen und groß würfeln. Dann mit den Kichererbsen, der Zwiebel, dem Huhn und einem Teelöffel Salz in den Topf geben. Alles auf schwacher Hitze weich kochen. Die Kartoffeln schälen, würfeln und kurz vor Ende der Kochzeit zufügen. Mit Salz und Pfeffer abschmecken. Inzwischen den Kohl putzen, waschen und mit den grünen Bohnen, der Paprikawurst und der Blutwurst mit Wasser bedeckt weich kochen. Die Brühe abgießen und in einer Schüssel aufbewahren. Etwas Öl in einer Pfanne erhitzen. Zuerst die in Scheiben geschnittene Knoblauchzehe, dann das Gemüse darin kurz anbraten. Warm stellen.

Für die Suppe die gewünschte Menge Brühe in einem Topf aufkochen und den Reis oder die Nudeln darin garen. Mit Salz und Pfeffer würzen. Dann in eine Suppenschüssel füllen. Auf einer großen Platte zuerst die gut abgetropften Kichererbsen, dann das Rind- und Hühnerfleisch, den Schinken und Räucherspeck sowie den Schweinefuß und das Schweineohr (alles in Stücke geschnitten) anrichten. Das Gemüse mit der in Scheiben geschnittenen Blut- und Paprikawurst auf einer zweiten Platte anrichten und mit Kartoffeln umlegt servieren.

CALLOS A LA MADRILEÑA

Kutteln nach Art von Madrid

600 g Kutteln vom Kalb
1 Kalbsfuß
Essig
1 gemischter Kräuterbund (zum Beispiel Petersilie, Estragon, Dill, Lorbeerblatt)
½ l Weißwein
1 mittelgroße, mit 2 Nelken gespickte Zwiebel
2 Lauchstangen
2 Karotten
100 g Schweineschmalz
100 g roher Schinken
80 g Paprikawurst
1 EL Rosenpaprika
3 Tomaten
2 kleine, getrocknete Pfefferschoten
1 EL Mehl
Pfeffer
Salz
1 Bund Petersilie

Wein: ein kräftiger Rotwein, z. B. aus Rioja, Penedès

Kutteln und Kalbsfuß waschen. Die Kutteln in Würfel oder in dünne Streifen schneiden, den Kalbsfuß in 4 Teile hacken. 15 Minuten in Essigwasser legen (50 ml Essig auf 1 Liter Wasser) und noch einmal mit kaltem Wasser abspülen. Dann in reichlich Wasser kurz aufkochen. Erneut das Wasser wechseln und Kutteln und Kalbsfuß zusammen mit dem Kräuterbund und dem Wein etwa 4 Stunden lang bei schwacher Hitze kochen, bis die Kutteln weich sind. Das Gericht abkühlen lassen. Inzwischen die Lauchstangen und Karotten putzen, waschen und sehr fein hacken. Kutteln und Kalbsfuß aus dem Topf nehmen und mit Lauch, Karotten und Zwiebeln in einen anderen Topf geben und warm stellen. Die Brühe aufbewahren. Das Schweineschmalz in einer Pfanne erhitzen und darin den gewürfelten Schinken und die in Scheiben geschnittene Paprikawurst kurz anbraten. Mit Rosenpaprika würzen und zu den Kutteln in den Schmortopf geben. Die Tomaten überbrühen und häuten. Das Fruchtfleisch pürieren oder fein hacken. Dann in der Pfanne das Tomatenpüree, halbierte Pfefferschoten (ohne Kerne) und Mehl gut vermischen und andünsten. Mit 1 Schöpflöffel von der heißen Brühe ablöschen. Die Sauce durch ein Sieb passiert über die Kutteln gießen. Das Gericht mit Salz und Pfeffer würzen und noch 1 Stunde in der Sauce langsam weitergaren. Vor dem Servieren die Petersilie feingehackt darüberstreuen.

GALLINA EN PEPITORIA

Huhn in Mandelsauce

Für 6 Personen:

1 großes, küchenfertiges Hähnchen (Poularde)
Salz
Pfeffer
etwas Mehl zum Wenden
3 EL Öl
1 große Zwiebel
Öl
1 EL Mehl
300 ml trockener Weißwein
1,5 l Hühnerbrühe
1 Lorbeerblatt
1 kleiner Zweig Thymian
2 hartgekochte Eigelb
150 g geschälte Mandeln

Wein: ein junger Rotwein, z. B. aus La Mancha, Ribera del Duero

Das Hähnchen in acht Stücke zerlegen, mit Salz und Pfeffer würzen, in Mehl wenden und in 2 Eßlöffeln Öl goldbraun anbraten. Die Hähnchenteile aus der Pfanne nehmen und auf Küchenkrepp legen, damit das Öl gut abtropfen kann. Die Zwiebel schälen und hacken. In Öl langsam glasig dünsten, mit 1 Eßlöffel Mehl bestreuen und 1 Minute anschwitzen. Den Wein angießen und alles gut miteinander verrühren. Die Sauce im Mixer pürieren und durch ein Sieb passieren. Das Hähnchen mit der Brühe, den Kräutern und der Zwiebelsauce aufsetzen und bei starker Hitze zum Kochen bringen. Dann das Hähnchen bei schwacher Hitze etwa 1 Stunde lang weich kochen.
Die Eigelbe mit einer Gabel zerdrücken. Die Mandeln hacken und kurz anrösten. Eigelb mit den Mandeln mischen und das Hähnchen kurz vor dem Servieren damit bestreuen. Mit Reis als Beilage servieren.

GAZPACHO PASTORIL

Gazpacho nach Hirtenart

Für 6 Personen:

1 Wildkaninchen (ersatzweise Hauskaninchen)
1 Rebhuhn
½ l Olivenöl
1 Knoblauchknolle
Wasser
2 Tomaten
1 grüne oder rote Paprikaschote
4 Scheiben ungesäuertes Fladenbrot
Salz

Wein: ein junger Rotwein, z. B. aus Valencia, Valdepeñas

Kaninchen und Rebhuhn beim Einkauf schon ausnehmen lassen. Dann waschen, in Stücke schneiden und salzen. Etwas Öl in einem Schmortopf erhitzen und darin das Fleisch zusammen mit der ganzen, nur grob geschälten Knoblauchknolle anbraten. So viel Wasser angießen, bis das Fleisch knapp bedeckt ist. Das Fleisch bei schwacher Hitze weichgaren. Die Tomaten überbrühen, häuten und kleinschneiden. Die Paprikaschote schälen, kleinhacken und mit den Tomaten in dem restlichen Olivenöl anbraten. Dann zu dem Fleisch in den Schmortopf geben. Brotscheiben zerkrümeln und einstreuen. Das Gericht ist dann fertig, wenn das Fleisch weich und die Sauce eingedickt ist. Eventuell mit Salz nachwürzen und sehr heiß servieren.

PISTO MANCHEGO

Gemüsetopf »a la Mancha«

1 große Zwiebel
2 rote Paprikaschoten
4 Kartoffeln
2 mittelgroße Zucchini
4 reife Tomaten
60 g Räucherspeck
80 g Schweineschmalz
1 Tasse Fleischbrühe
Salz
Pfeffer

Wein: ein junger Rotwein, z. B. aus La Mancha, Tarragona

Die Zwiebel schälen und hacken. Geputzte Paprikaschoten und geschälte Kartoffeln würfeln. Zucchini in dünne Scheiben schneiden. Die Tomaten überbrühen, häuten und kleinschneiden. Den Speck würfeln.
Die Hälfte vom Schweineschmalz in einer großen, tiefen Pfanne erhitzen und darin die gehackte Zwiebel und die Speckwürfel goldgelb braten. Kartoffeln und Zucchini hinzufügen, vorsichtig umrühren und langsam weich garen. In einer zweiten Pfanne das restliche Schweineschmalz erhitzen und darin zuerst die Paprikawürfel, dann die Tomaten anschmoren. Dann mit dem übrigen Gemüse verrühren. Brühe angießen, salzen und pfeffern und die Flüssigkeit auf die Hälfte einkochen lassen.

BESUGO A LA MADRILEÑA

Seebrasse nach Art von Madrid

2 Tomaten
100 ml Öl
Salz
gemahlener Pfeffer
1 Lorbeerblatt
1 Seebrasse, ca. 1 kg schwer, küchenfertig
2 Zitronen
3 Knoblauchzehen
1 kleiner Bund Petersilie
60 g Semmelbrösel
1 großes Glas Weißwein

Wein: ein edler, kräftiger Weißwein, z. B. aus Cava, Granvás

Die Tomaten mit kochendem Wasser übergießen und häuten. Dann pürieren. Die Hälfte des Öls in einer Pfanne erhitzen. Das Tomatenpüree mit etwas Salz und Pfeffer würzen und zusammen mit dem Lorbeerblatt darin schmoren und leicht einkochen lassen. Das Lorbeerblatt wieder herausnehmen und die Sauce beiseite stellen.
Die Seebrasse waschen, mit Küchenkrepp innen und außen gut trocknen und auf der Oberseite mehrmals schräg, aber nicht zu tief einschneiden. Den ganzen Fisch mit dem Saft einer Zitrone beträufeln. Die zweite Zitrone in dünne Scheiben schneiden, halbieren und in die Schnitte stecken. Die Zitronenmarinade 30 Minuten einziehen lassen. Inzwischen Knoblauch und Petersilie sehr fein hacken und mit den Semmelbröseln vermischen. Etwas Öl in einem großen, flachen Topf erhitzen. Die Seebrasse hineinlegen und mit Öl beträufeln. In den auf 150 Grad vorgeheizten Backofen stellen. Nach 5 Minuten die Hälfte des Weins angießen und nach 10 Minuten das geschmorte Tomatenpüree zufügen. Mit dem Knoblauch-Petersilie-Semmelbrösel-Gemisch bestreuen, die Sauce mit Salz und Pfeffer würzen und mit dem restlichen Wein aromatisieren. Dann den Fisch langsam weichgaren.
Die Seebrasse auf einer Platte anrichten. Die Sauce vor dem Servieren in einem Topf noch einmal stark erhitzen und über den Fisch gießen. Kurz bevor das Gericht auf den Tisch kommt, die Zitronenscheiben entfernen.

TOCINO DE CIELO

Himmlisches Eierkonfekt

300 g Zucker
1 Vanille- oder Zimtstange
12 Eigelb

Man braucht kleine Puddingformen

Aus Zucker, Vanille- oder Zimtstange und ¼ Liter Wasser einen dickflüssigen Sirup kochen. Der Sirup ist fertig, sobald er Fäden zieht. Abkühlen lassen. Mit einem Teil des Sirups die Puddingförmchen ausstreichen. In einer Schüssel die Eigelbe kräftig verquirlen. Den abgekühlten, durch ein feines Sieb gestrichenen Sirup unterrühren und dieses Eier-Zucker-Gemisch in die Puddingförmchen füllen. Das tiefe Ofenblech knapp mit Wasser bedecken. Die Puddingförmchen auf das Blech setzen (die Förmchen dürfen nur bis zur Hälfte im Wasser stehen) und im Ofen ca. 20 Minuten erhitzen, bis die Eimasse stockt. Das Wasser darf nicht kochen und in die Förmchen spritzen, denn dadurch würde die Eimasse nicht mehr stocken.

TORRIJAS

Arme Ritter

½ l Milch
150 g Zucker
8 Scheiben Weißbrot, ca. 1,5 cm dick
1 Ei
¼ l Öl
Zimt

Wein: ein edler, schwerer Dessertwein, z. B. ein süßer Sherry oder ein Wein aus Málaga

Die Milch leicht anwärmen und mit der Hälfte des Zukkers verrühren. Die Weißbrotscheiben darin einweichen, herausnehmen und vorsichtig ausdrücken. Das Ei kräftig verschlagen und die Brotscheiben darin wenden. Öl in einer Pfanne erhitzen und die Brotscheiben beidseitig goldgelb anbraten. Auf einer Platte anrichten und ganz zum Schluß mit Zimt und Zucker bestreuen.

TARTA DE VAINILLA

Vanilletorte

75 g Zartbitterschokolade
50 g Zitronat
60 g gehackte Mandeln
80 g Mehl
40 g Speisestärke
50 g weiche Butter
200 g Marzipanrohmasse
80 g Zucker
Mark von 2 Vanilleschoten
5 Eier, getrennt
70 g Zucker
200 g Aprikosenmarmelade
300 g Kuvertüre

Schokolade mittelgrob hacken. Zitronat, Mandeln, Mehl und Speisestärke gut vermischen.
Die Marzipanrohmasse zerkrümeln und mit der Butter etwas verkneten. Zucker, Vanillemark und Eigelbe nach und nach dazu geben und jeweils gründlich unterrühren. Eischnee unter die Masse ziehen, dann die Schokoladen-Zitronat-Mischung. Die Masse sofort in eine Springform füllen und auf der zweiten Schiene von unten bei 190 °C etwa 45 Minuten backen.
Nach dem Backen die Torte 10 Minuten ruhen lassen, dann aus der Form stürzen. Die Aprikosenmarmelade erhitzen, bis sie sich verflüssigt, durchsieben und damit die Oberfläche und den Rand der Torte einstreichen. Nach dem Trocknen mit der Kuvertüre überziehen.

ANDALUSIEN

ANDALUSIEN

Fiestas und Flamencos, gefährliche Stierkämpfe und schöne Pferde – das ist nur etwas von dem, was Andalusien so reizvoll macht. Es ist die bevölkerungsreichste Region Spaniens, etwa so groß wie Portugal, und hat eine bewegte Vergangenheit: Phönizier, Westgoten, Römer und Mauren haben die Kultur geprägt. Noch heute ist der arabische Einfluß gegenwärtig – sogar bei den kulinarischen Spezialitäten. Insbesondere das Klima, die heißen Sommer und die Küstenlage an Mittelmeer und Atlantik machen die Besonderheiten der andalusischen Küche aus. Auch hier gibt es eine Spezialität, die über die Grenzen Andalusiens (und sogar Spaniens) hinaus bekannt geworden ist: »Gazpacho«, *eine kalte Suppe in vielen Variationen. Sie wird entweder mit reichlich rohem, fein passiertem Gemüse zubereitet, oder als* »gazpacho blanco cordobés« *mit Äpfeln, oder mit Trauben und Málaga-Wein als »ajoblanco de Málaga«.*

Die Andalusier sind wahre Spezialisten in der Zubereitung von Eierspeisen. Die besten »huevos fritos« *(gebratene Eier) bekommt man angeblich in Sevilla. Dort schmeckt das Eigelb am kräftigsten und das feingekräuselte Eiweiß ist am knusprigsten – so behauptet man jedenfalls. Und eine Schande sei es, wenn sich jemand nur ein einziges Spiegelei bestelle. Damit es nicht schäbig aussieht, müssen gleich mehrere gegessen werden. Dann gibt es noch die* »huevos revueltos« (Omeletts), »tortillas« *(Eierkuchen) und die* »huevos flamenca«, *das sind Eier nach Art der Zigeuner, mit Paprikawurst und Gemüse zubereitet. Vor allem aber bietet die andalusische Küche eine Vielzahl an Gerichten mit Fisch und Meeresfrüchten:* »abaja de Algeciras« *(eine Art Bouillabaisse),* »soldaditos de Pavia« *(panierte Stockfischfilets),* »panojas malagueñas« *(panierte Sardellenfilets),* »las sardinas de Málaga« *(Malagasardinen),* »la coquina« *(große Muscheln),* »el pescadito frito gaditano« *und* »los chanquetes« *(kleine in Öl fritierte Fischchen),* »las bocas de la Isla« *(große Krebsscheren),* »el barbo encebollado« *(Barbe mit Zwiebeln),* »los chocos de Huelva« *(Tintenfische),* »el rape con patatas« *(Seeteufel mit Kartoffeln) oder* »la pesca de la malagueña« *(Seehecht nach Art von Malaga).*

Abbildung Seite 118/119: Landschaft in der Sierra Nevada bei Dõna Maria.

Abbildung unten: Auf diese Weise gelangt der Sherry direkt vom Faß ins Glas.

Weil der beste Sherry aus Andalusien kommt, nämlich aus Jerez, wird er nicht nur getrunken, sondern auch zum Kochen verwendet: zum Beispiel für die Schweinenieren »al Jerez«. Auch andere Innereien, wie Kutteln, sind beliebt. Rebhühner werden »a la torero«, mit Speck und Sardellenfilets gefüllt, zubereitet, die dicken Bohnen nach einem Rezept aus Granada mit rohem, luftgetrocknetem Schinken aus Trevelez, dem höchstgelegenen Dorf Spaniens. Luftgetrockneter Schinken ist eine berühmte Spezialität in Spanien. Seine genaue Bezeichnung ist »jamón serrano«. Eine außergewöhnliche Spezialität ist der »toro«, der beim Stierkampf getötete Stier.

Bei den Desserts wird die spanisch-arabische Tradition besonders deutlich. Es gibt ein großes und unwiderstehliches Angebot an »dulcerías«. Typisch sind die »polvorones sevillanos«, *ein feines Mürbteiggebäck, das auf der Zunge zergeht.*

Abbildung links:
Traditionell wird auch heute noch von den andalusischen Frauen Wasser im Tongefäß geholt.

Abbildung unten:
Die wohl berühmteste Wallfahrt Spaniens – »El Rocio«.

Olivenöl

Es spielt eine wichtige Rolle in der spanischen Küche und ist als Salatöl oder Bratfett nicht wegzudenken. Während des 18. und 19. Jahrhunderts waren gebratene und fritierte Gerichte ganz besonders populär, und dafür wurde vor allem das Olivenöl verwendet.

Sieben Jahre dauert es, ehe ein Olivenbaum das erste Mal trägt. Je länger die Oliven am Baum hängen bleiben, desto dunkler werden sie. Grüne Früchte werden also ab November geerntet, die violetten, fast schwarzen Früchte kommen im Januar und Februar dran. Und wer beim Speiseöl auf allererste Qualität achtet, der greift zum Jungfernöl der ersten Pressung: Oleo extra vérgine.

Bis heute sind viele traditionelle Bratpfannen-Rezepte erhalten geblieben. In Andalusien gibt es sogar Desserts, die mit dem kaltgepreßten Öl aus den Oliven zubereitet werden: zum Beispiel »las torrijas« (Arme Ritter), »los canutillos« (Blätterteig-Röllchen), »la leche frita« (in Öl gebackene Puddingwürfel), »los buñuelos« (kleine Krapfen), »los churros« (Spritzgebäck) oder »las hojuelas andaluzas« (in Öl fritiertes Honiggebäck).

Die Oliven für das Öl werden in den Regionen Katalonien, Valencia, Aragón und natürlich Andalusien geerntet. Diese Erntegebiete heißen »zonas de fritos«, Zonen der fritierten Speisen. Andalusien nimmt unter ihnen den ersten Platz ein.

Abbildungen unten:
Mit Stöcken werden die Oliven vom Baum geschlagen.
Bis zu 2000 Jahre alt werden Olivenbäume.

Abbildung rechts:
Mühsam werden die Oliven von Hand aufgelesen.

GAZPACHO ANDALUZ

Andalusische Gemüsesuppe

In Spanien gibt es zwei Arten von »gazpachos«. Einmal die »gazpachos manchegos« aus der Mancha, die mit Wild zubereitet und in der Pfanne gebraten werden. Und dann »el gazpacho andaluz« die andalusische Gemüsesuppe, die kalt serviert wird. Auch wenn die »gazpachos manchegos« wahrscheinlich älter sind als die andalusische Version, genießt nur diese internationale Popularität. Beide enthalten jedoch immer Brot. »Gazpacho« leitet sich von dem vorrömischen Wort »caspa« ab und bedeutet soviel wie Rückstand oder Teilchen und bezieht sich auf die Brotkrümel, die in beiden »gazpachos« verwendet werden.

Für 6 Personen:

2 Paprikaschoten
8 reife Tomaten
2 kleine Gurken
2 Knoblauchzehen
1 Scheibe Weißbrot
¼ l Olivenöl
¼ l Essig
Salz
Brot und Gemüse zum Garnieren

Die Paprikaschoten waschen, halbieren und die Kerne entfernen. Die Tomaten kurz in kochendes Wasser legen und häuten. Die Gurken schälen. Alles in Stücke schneiden. Die Knoblauchzehen schälen und mit dem Gemüse, der Weißbrotscheibe, dem Öl, dem Essig, dem Salz und etwas Wasser in einen Mixer geben und pürieren. Falls Stückchen übrigbleiben, durch ein Sieb streichen und nach Belieben Wasser hinzufügen. Die Suppe kalt stellen und nach Geschmack mit kleingehackten Tomaten, Gurken, Paprikaschoten, Zwiebeln und Brotwürfeln servieren.

ABAJÁ DE ALGECIRAS

Bouillabaisse nach Art von Algeciras

1 kg verschiedene Fischsorten, küchenfertig
Salz
1 Glas Weißwein
½ Zwiebel
6 Knoblauchzehen
½ Bund Petersilie
etwas Öl zum Braten
1 mittelgroße Tomate
3 Scheiben Weißbrot
1 Messerspitze Safran
5 schwarze Pfefferkörner
450 ml Olivenöl

Wein: ein körperreicher Weißwein, z. B. aus Campo de Borja, Rueda

Die Fische waschen, trockentupfen und in mittelgroße Stücke schneiden. Dann in 1 Liter Salzwasser gar kochen. Sobald das Wasser kocht, den Weißwein angießen. Zwiebel und 1 Zehe Knoblauch schälen. Beides mit der Petersilie fein hacken und in einer Pfanne in Öl goldgelb dünsten. Die Tomate überbrühen, häuten, in Stücke schneiden und mitschmoren. Ca. ½ Liter der Fischbrühe angießen. Das Brot zerkrümeln und zufügen. Alles gut miteinander verrühren.

In einem Mörser Safran, 1 geschälte Knoblauchzehe und den Pfeffer zerstoßen. Mit einigen Tropfen Öl und etwas Fischbrühe verrühren und in die Suppe rühren. Einige Minuten sanft kochen lassen. Die Suppe in eine Terrine füllen und warm halten.

Nun die Fischstücke in einen Topf legen. Aus vier geschälten und zerdrückten Knoblauchzehen, dem restlichen Öl und etwas Brühe eine Soße rühren. Die Fische mit der Soße übergießen und vorsichtig erwärmen. Dazu die Suppe servieren.

AJOBLANCO DE MÁLAGA

Knoblauchsuppe aus Malaga

200 g geschälte Mandeln
4 Knoblauchzehen
etwas Milch
200 g Weißbrot ohne Rinde
¼ l kaltgepreßtes Olivenöl
Salz
Essig
250 g Muskatellertrauben

Mandeln, geschälten Knoblauch und das in Milch eingeweichte und gut ausgedrückte Brot in einem Mixer pürieren. Langsam erst das Öl, dann 1 Liter eiskaltes Wasser hinzufügen. Die Suppe mit Salz und Essig abschmecken.

Mit entkernten Trauben servieren.

PRODUCIDO Y EMBOTELLADO EN JEREZ. ESPAÑA
16,5 % Vol.
FINO SHERRY

RIÑONES AL JEREZ

Kalbsnieren in Sherrysauce

4 Kalbsnieren
Salz
150 ml Öl
1 Zwiebel
1 Bund Petersilie
Pfeffer

1 Glas Sherry
(fino oder
medium dry)

Wein: Rotwein,
z. B. aus Jumilla

Die Nieren waschen, in dünne Scheiben schneiden und drei Stunden in Salzwasser wässern. Die Zwiebel schälen. Petersilie waschen und trockenschütteln. Beides fein hacken. Öl in einer Pfanne erhitzen und darin Zwiebel und Petersilie goldgelb dünsten und mit Salz und Pfeffer würzen. Nieren zufügen und bei starker Hitze zwei Minuten kräftig anbraten. Sherry angießen und alles gut verrühren. Sofort servieren.

HABAS A LA GRANADINA

Dicke Bohnen nach granadinischer Art

1 kg frische (ersatzweise tiefgekühlte) dicke Bohnen
12 kleine Artischocken (oder in Salzwasser eingelegte Artischockenherzen)
200 ml Öl
½ Bund Frühlingszwiebeln
1 Knoblauchzehe

1 gemischter Kräuterbund (Lorbeerblatt, Minze, Petersilie)
einige getrocknete Safranfäden
½ TL Kümmel
3 Pfefferkörner
4 kleine Scheiben Weißbrot
einige EL Gemüsebrühe
Salz
4–8 Eier

Wein: ein junger Rotwein

Die dicken Bohnen einige Minuten in Salzwasser kochen. Inzwischen die Artischocken waschen und die harten, äußeren Blätter entfernen. Eingelegte Artischocken nur kalt abspülen. Das Kochwasser abgießen und Bohnen und Artischocken in einen feuerfesten Topf geben. Frühlingszwiebeln und geschälte Knoblauchzehe fein hacken und in einer Pfanne mit der Hälfte vom Öl goldgelb dünsten. Zusammen mit den Kräutern zum Gemüse in den Topf geben. Mit Wasser auffüllen, bis das Gemüse knapp bedeckt ist. Dann den Topf mit einem Deckel

verschließen und das Gemüse weichkochen. Unterdessen die Brotscheiben in Öl goldgelb anbraten. Zuerst Safran, Kümmel und Pfeffer, dann das fritierte Brot im Mörser zerstoßen und mit etwas Gemüsebrühe verrühren, so daß eine ziemlich dicke Sauce entsteht. Mit Salz abschmecken und unter das Gemüse rühren. Ein bis zwei Eier pro Person darüberschlagen und im vorgeheizten Backofen bei 200 Grad überbacken, bis das Eiweiß stockt.

PINCHITO MORUNO

Spießchen nach maurischer Art

300 g Hähnchenbrustfilet
500 g mageres Lammfleisch
1 grüne Paprikaschote
1 rote Paprikaschote
8 Schalotten
4 Lorbeerblätter
4 TL Öl
1 TL Salz
Pfeffer

Wein: ein junger Rotwein, z. B. aus Ribeiro

Die Hähnchenbrust und das Lammfleisch in dünne, gleichmäßige Scheiben schneiden. Paprikaschoten waschen, putzen und in nicht zu kleine Stücke schneiden. Die Schalotten schälen und je nach Größe längs halbieren oder vierteln. Alles in eine Schüssel geben und mit Öl übergießen. Mit Salz und Pfeffer würzen und Fleisch und Gemüse gut durchmischen. Den Ofen auf 250 Grad vorheizen. Inzwischen die Spieße in folgender Reihenfolge

bestücken: Schalotte, Hähnchen, Paprika, Lamm, Paprika, Lorbeerblatt, Paprika usw. Jedes Spießchen mit einer Schalottenscheibe abschließen. Die Spießchen auf den Rost legen (tiefes Blech darunter schieben) und 10 Minuten im Ofen braten.
Wenn Sie Holzspießchen verwenden, dann sollten Sie diese vorher in Wasser einweichen. Dann können sie beim Backen nicht verbrennen.

GUISO DE RABO DE TORO

Geschmorte Stierschwänze mit Kartoffeln

Für 6 Personen:

4 kg Schwänze von jungen Stieren (ersatzweise Ochsenschwanz)
2 kg Zwiebeln
⅜ l Öl
1 kg Tomaten
2 Knoblauchknollen
gemahlener Safran
Pfeffer
¾ l trockener Weißwein oder Sherry (fino)
1 kg Kartoffeln

Wein: ein mehrjähriger Qualitätsrotwein (»de reserva«), z. B. aus Alicante, Almansa

Die Stierschwänze jeweils zwischen den Gelenken durchschneiden. Die Zwiebeln schälen, fein hacken und in der Hälfte vom Öl goldgelb anbraten. Die Tomaten mit kochendem Wasser übergießen und häuten. Dann in Viertel schneiden. Die Stierschwanzstücke, die Tomaten, die geschälten Knoblauchzehen, Safran, Pfeffer und die Zwiebeln mit dem Öl in einen großen Schmortopf geben und alles gut andünsten. Wein angießen, den Topf mit dem Deckel verschließen und das Gericht bei schwacher Hitze ca. 2 Stunden langsam garen. Inzwischen Kartoffeln schälen, in dicke Scheiben schneiden und im restlichen Öl anbraten. Die Kartoffelscheiben in den Schmortopf geben und langsam weich kochen. Nach Ende der Garzeit das Gericht noch 8–10 Stunden ruhen lassen. Denn nochmals aufgewärmt, schmeckt es am besten.

CALLOS A LA ANDALUZA

Kutteln auf andalusische Art

Für 8 Personen:

500 g Kichererbsen
1,5 kg Kalbskutteln
1,5 kg Labmagen
3 kleine Kalbsfüße
1 l Essig und Saft von 4 Zitronen
1 Zwiebel
8 Knoblauchzehen
1 EL Rosenpaprika
1 Bund Suppengrün (Karotte, Petersilie, Minze)
1 Suppenknochen vom Schwein
4 Paprikawürste
1 Blutwurst
2 grüne Paprikaschoten
200 g Tomaten
100 g gewürfelter roher Schinken
gemahlene Muskatnuß
einige Safranfäden
Salz

Wein: ein junger Rotwein, z. B. aus La Mancha

Kichererbsen über Nacht einweichen. Kutteln und Labmagen waschen, mit einem Messer abschaben, in kleine Streifen schneiden und in eine Schüssel legen. Die Kalbsfüße zuerst halbieren, dann in kleine Stücke schneiden und zu den Innereien geben. ½ Liter Essig und den Saft von 2 Zitronen darübergießen und mit den Händen alles gut vermischen. Den »Waschvorgang« mit dem restlichen Essig und Zitronensaft in einer zweiten Schüssel wiederholen. Nun die Innereien drei- bis viermal in Wasser spülen, bis sie völlig sauber und geruchlos sind.
Danach in einen großen Topf geben, mit Wasser bedekken und ca. 1 Stunde kochen. Die eingeweichten Kichererbsen gut abtropfen lassen. Zwiebel und 5 Knoblauchzehen schälen und fein hacken. Suppengrün und Knochen waschen. Alles mit Rosenpaprika in den Topf geben und mit Wasser auffüllen, bis das Gericht knapp mit Flüssigkeit bedeckt ist. Mit Salz kräftig würzen. Sobald die Innereien fast weich sind, Paprika- und Blutwurst in den Topf geben und 15 Minuten weiterkochen. Den Knochen aus der Sauce nehmen, Fleischreste abschaben und in den Topf zurückgeben. Die Paprikaschoten waschen, putzen und quer in Streifen schneiden. Die Tomaten mit kochendem Wasser überbrühen und häuten. Dann in Stücke schneiden. Öl in einer Pfanne erhitzen. Paprikaschoten, Tomaten und Schinkenwürfel anbraten und unter die Kutteln mischen. Die übrigen 3 Knoblauchzehen schälen, grob hacken und mit Safran und etwas Muskatnuß in einem Mörser zerstoßen. Mit etwas Brühe aus dem Topf verrühren und zu den Innereien geben. Eventuell noch mit Salz abschmecken. Kurz vor dem Servieren das Suppengrün entfernen. Würste aus dem Topf nehmen, in Stücke schneiden und in einer Schüssel anrichten.

SOLDADITOS DE PAVÍA

Kleine Soldaten aus Pavia

Diese Spezialität hat ihren Namen nicht nach der italienischen Stadt bekommen, sondern nach den Uniformfarben des Husarenregiments von Pavia: königsblaue Hose und gelb-safran-roter Waffenrock.

½ Stockfisch
Safran
2 Knoblauchzehen
1 Prise Kümmel
2 EL Mehl
250 g feingesiebtes Mehl
2 EL Essig
Salz
Wasser
½ Bund Petersilie
2–3 EL Öl
3 Eiweiß

⅛ l Öl zum Ausbacken 1 unbehandelte Zitrone	**Wein:** ein körperreicher Weißwein

Den Stockfisch 24 Stunden wässern. Dabei einige Male das Wasser wechseln. Das letzte Wasser abgießen, den Fisch gut ausdrücken und sehr fein hacken. In einem Mörser Safran, geschälten Knoblauch und Kümmel zerstoßen und mit 2 Eßlöffeln Mehl gut vermischen. Das gesiebte Mehl, Essig, 2 Prisen Salz, etwas Wasser, gehackte Petersilie und die Safranpaste aus dem Mörser in eine Schüssel geben. Alles mit einem Elektroquirl so lange durchrühren, bis man einen dicken Teig erhält. Den zerkleinerten Stockfisch mit etwas Öl binden und mit der Masse vermischen. Das Eiweiß zu steifem Schnee schlagen und unter den Teig heben. Das Öl in einer Pfanne erhitzen. Den Stockfischteig eßlöffelweise hineingeben und beidseitig fritieren. Auf einer Platte anrichten und mit Zitronenscheiben dekorieren.

POLVORONES

Mürbes Zimtgebäck

Andalusische Süßigkeiten sind seit Jahrhunderten in ganz Spanien berühmt. Ihre uralte Tradition beruht darauf, daß diese südlichste spanische Region schon früh über Honig und Zuckerrohr verfügte, das in der Nähe von Motril angebaut wurde. Es ist auch interessant festzustellen, daß viele Süßigkeiten einen religiösen Namen tragen wie z. B. »suspiros de monja«, Seufzer einer Nonne, »cabellos de angel«, Engelshaar, oder »lenguas de obispo«, Bischofszungen. Sie sollen an die frommen Eingebungen der klösterlichen Zuckerbäckerinnen erinnern.

Auch die andalusischen Zimtplätzchen besitzen eine lange hispano-arabische Tradition. Die Andalusier haben das ursprünglich verwendete Lammfett durch Schweineschmalz ersetzt, was den »polvorones« eine wesentlich bessere geschmackliche Note verleiht. Die Bezeichnung »polvorones« ist abgeleitet von »polvo«, das Pulver, weil dieses Gebäck so mürbe ist, daß es im Mund sofort zerfällt.

500 g Mehl 125 g Schweineschmalz 75 g Puderzucker 1 leicht gehäufter EL Zimt abgeriebene Schale von ½ Zitrone	einige Tropfen Zitronensaft **Wein:** ein edler, schwerer Dessertwein aus Andalusien

Das Mehl gleichmäßig auf ein Blech streuen und bei mittlerer Hitze im Backofen unter mehrmaligem Wenden leicht anbräunen. Aus dem Ofen nehmen, abkühlen lassen und fein sieben. Die Hälfte des Mehls auf die Arbeitsfläche geben und in der Mitte eine Vertiefung formen. In die Vertiefung das in kleine Stücke geschnittene Schweineschmalz, 50 g vom Puderzucker, Zimt und abgeriebene Zitronenschale und -saft geben. Alles schnell verkneten. Aus dem Teig eine Kugel formen, in eine Schüssel legen und mit einem Tuch bedeckt 1 Stunde kühl stellen. Das übrige gebräunte Mehl auf der Arbeitsfläche ausstreuen. Darauf den Teig kleinfingerdick ausrollen und mit einer runden Form Plätzchen von ca. 5 cm Durchmesser ausstechen. Die Plätzchen auf ein mit wenig Wasser befeuchtetes Blech legen und bei schwacher Hitze (150 bis 180 Grad) hell backen. Abkühlen lassen und sehr vorsichtig vom Blech nehmen. Mit Puderzucker bestreuen und vorsichtig in eine Dose legen. Dabei zwischen die einzelnen Schichten Papier legen.

TURRÓN

Spanisches Konfekt

Heute kann man dieses Konfekt fast überall in Spanien kaufen. Früher war es eine Kostbarkeit, auf deren Herstellung die Hausfrau zu Weihnachten und zu Ostern viel Mühe verwendete und für deren Zubereitung fast jede Familie ihr eigenes Rezept hatte.

250 g feiner Zucker 250 g gemahlene Mandeln	2 Eigelb 1 Eiweiß

Zucker und Mandeln in einer Schüssel gründlich mischen. Einzeln die Eigelbe darunterrühren. Eiweiß in einer anderen Schüssel zu steifem Schnee schlagen und unter die Zucker-Mandel-Masse heben. Ein Backblech mit Alufolie auslegen und die Turrónmasse etwa 1½ cm dick mit kalt abgespülten Händen daraufstreichen. Darüber wieder Alufolie und ein großes Holzbrett darauflegen. Das Brett beschweren. Die Turrónmasse 3 Tage trocknen lassen. Dann in etwa 2 cm große Würfel schneiden.

BALEAREN

BALEAREN

Aus vier Inseln bestehen die Balearen: die größte ist Mallorca, gefolgt von Menorca, Ibiza und Formentera. Fast jeder reiselustige (und sonnenhungrige Mitteleuropäer) kennt sie inzwischen. Wer nicht selbst dort war, hat zumindest die klangvollen Namen der »Islas Baleares« schon einmal gehört.

Die Beliebtheit der Inseln ist nicht ohne Folgen geblieben. Durch den Massentourismus geriet die traditionelle Küche teilweise in Vergessenheit. Denn gegenüber der modernen Küche mit den schnellen Pfannengerichten und »Snacks« konnten sich die traditionellen Rezepte und Zubereitungsarten kaum behaupten. In den letzten Jahren gab es jedoch auf den Balearen wie auch in anderen spanischen Regionen eine Neuentdeckung der alten Gastronomie. Sehr zur Freude der Liebhaber kulinarischer Originalität.

Trotz ihrer geographischen Nähe haben die drei größeren Inseln eigenständige gastronomische Traditionen entwickelt. Das hat historischen Ursprung: Menorca unterstand im 18. Jahrhundert erst 70 Jahre lang englischer, dann weitere sieben Jahre französischer Herrschaft. Lange Zeit davor war auch Mallorca nicht frei von fremden Zugriffen geblieben. Seit dem 8. Jahrhundert bis 1229 hielten die Mauren die Insel besetzt. König Jakob I. konnte sie ihnen wieder entreißen. Der Volksmund überliefert, daß es eben dieser Jakob I. von Aragon war, der nach der Eroberungsschlacht von 1229 zuerst an das Essen dachte. Auch wenn es sich wahrscheinlich um ein recht mageres »Festessen« auf der Grundlage von Knoblauch und Brot gehandelt hat, soll er den Ausspruch »habem ben dinat«, was soviel heißt wie »wir haben gut gespeist«, getan haben. Für die Mallorquiner war dies so bedeutend, daß sie die Bemerkung in den Schatz ihrer Sprichwörter aufnahmen. Auch eine später errichtete Burg erhielt in Erinnerung an dieses Ereignis den Namen »Bendinat«. Die mallorquinische Küche ist reich und voller Abwechslung. Typisch sind die »sopas secas«, *eine Art Bohneneintopf. Unter den Fleischsorten spielt das Schweinefleisch die bedeutendste Rolle. Zwei Spezialitäten der mallorquinischen Küche wären sonst undenkbar: die* »sobrasada«, *eine fette Paprikastreichwurst und das* »lechón«, *das wie in Kastilien gefüllte und gebratene Spanferkel.*

Von uralter Tradition sind auch die mallorquinischen Reisgerichte. Sie

Abbildung Seite 132/133:
Mallorca – Cal Truent an der Küste.

Abbildung unten:
Windkraft diente lange Zeit als Antrieb für die Wasserpumpen. Heute verrichten Dieselmotoren die Arbeit.

Abbildung rechts:
Der Hafen von Mahón auf Menorca.

werden mit Fleischbrühe und Safran zubereitet; weitere Zutaten sind Fisch, Geflügel und Vögel. Gerade bei den Besuchern Mallorcas sehr begehrt ist die »ensaimada«, *das ist ein in Schweineschmalz ausgebackenes Hefegebäck in Schneckenform. Aber es gibt noch viele andere Süßigkeiten: Törtchen, glasierte Auberginen und nicht zu vergessen den typisch mallorquinischen Bisquit. Wer sie probieren möchte, muß sich auf die Suche nach den Konditoreien in winkligen Gassen der alten mallorquinischen Hauptstadt Palma machen.*

Die Insel Menorca liegt nur wenige Kilometer von ihrer größeren Schwester Mallorca entfernt. Doch ihre Küchen unterscheiden sich erheblich voneinander, und das nicht nur wegen des rauheren Klimas von Menorca. Die kulinarischen Spezialitäten sind denen Mallorcas aber ganz und gar ebenbürtig. Eine typische Spezialität ist hier der Reis mit Bergkaninchen und Languste: »arroz con conejo de monte y langosta«. *Auf keinen Fall sollte man die Gelegenheit versäumen, eine* »caldereta de langosta« *(Fischtopf mit Langusten) zu probieren. Dank ihrer ausgedehnten Berg- und Weidelandschaften verfügt die Insel Menorca über reichlich Niederwild. Gerade zur Jagdsaison im Herbst finden Festbankette statt, auf denen vor allem Wildvögel verspeist werden.*

Der Identitätsverlust durch Tourismus ist wohl bei Ibiza, der kleinsten der drei Inseln, am stärksten ausgeprägt. Vor dem Touristenboom zählte Ibiza noch zu den ärmsten Regionen Europas. Aus dieser Zeit stammen Gerichte wie »burrida de ratjada« *(mit Rochen zubereitete Fischsuppe) oder der* »sofrit pagés« *(Gemüsetopf). Aber leider sind diese Spezialitäten weitgehend von den Speisekarten der Restaurants verschwunden.*

Schwein und Gebäck

Gar keine Frage: Mallorca entzweit die Gemüter. Die einen beschwören, diese Insel sei in der Hauptsaison ein wahrer Albtraum: gegrillte Massen an den Stränden, touristischer Einheitsbrei in den Restaurants. Die anderen beschwören, nur wenige Schritte abseits der Brennpunkte Naturidylle zu kennen und – sogar zu Sommerzeiten – Einsamkeit. Auch erzählen sie von kulinarischen Geheimtips und traditionellen Rezepten, die immer noch zubereitet werden.

Trotz aller Überflutung und Überfremdung ist es den Mallorquinern gelungen, immer noch Reservate ihres Lebensstils behaupten zu können, weil ihre Insel eben viele Geschmäcker anspricht und auf kleinem Raum landschaftliche Kontraste bietet.

Bestandteil vieler traditioneller Rezepte ist das Schwein, das in seiner Urform nichts mit überzüchteten Schnitzellieferanten zu tun hat, sondern durchaus als Inbegriff einer urwüchsigen Natur gelten kann: schwarz, behaart, kräftig, muskulös.

In einer »sobrasada« (streichfähige, feine Paprikawurst) meint man diese Substanzen immer noch herauszuschmecken. Und wie! Diese Schweinswurst unterscheidet sich schon rein optisch von anderen, indifferent-weißlichen Produkten. Denn roter Pfeffer bewirkt eine Farbe, die in die Augen sticht. Doch das ist noch gar nichts gegen die geschmacklichen Empfindungen. Eine richtige Sobrasada kommt nämlich in den heißen Ofen und wird anschließend mit Honig bestrichen: daß süß-sauer schmeckt, wissen die Chinesen, und die Mauren haben dies vor vielen Jahrhunderten den Balearen vorgemacht. Heute erfreuen wir uns an dieser mallorquinischen Spezialität, die geschmacklich diese Insel symbolisiert: süß und sauer, feurig und zurückhaltend – zwei Seiten einer Medaille.

Eine »ensaimada« hat mit dem Schwein nur indirekt zu tun. Denn dabei handelt es sich um ein Gebäck, genauer gesagt um eine Schnecke. Die muß nach mallorquinischer Tradition freilich in Schweinefett gebacken sein. Man kann sie im Miniformat, aber auch überdimensioniert bis in Wagenradgröße kaufen (oder selbst zubereiten). Ihr Geheimnis? Ein richtiger Mallorquiner sagt, daß der Geschmack letztendlich von der guten Luft seiner Insel mitten im westlichen Mittelmerr herrührt. Auf alle Fälle handelt es sich um einen Dreh in der Backstube. Denn dieses Hefeteig-Gebäck wird in Handarbeit zu einer Schnecke geformt, mit Puderzucker bestreut und/oder mit Sahne gefüllt.

Die besten Bäcker Mallorcas verstehen es, ihre ensaimadas so locker und luftig zuzubereiten, daß sie förmlich auf der Zunge zergehen. Dies bleibt nicht ohne Resonanz, denn die Ensaimadas gehören zu den beliebten Souvenirs. Wer also auf dem Flughafen von Palma de Mallorca Touristen mit runden Pappschachteln entdeckt, braucht in der Regel keinerlei Verdacht zu schöpfen. Denn viele Touristen wollen durch den »Export« einer Ensaimada den Geschmack und die Atmosphäre Mallorcas nach Hause transportieren.

Ohne Schwein wäre die Balearen-Küche in früheren Jahrhunderten bildlich gesprochen auf den Hund gekommen, dem die andere spanische Inselgruppe, die Kanaren, ihren Namen verdankt. Die Behauptung, daß das schwarze Borstentier die Quintessenz der mallorquinischen Kochkunst darstelle, ist völlig richtig. Und über das saftige, gut abgehangene Fleisch freuten sich im 18. Jahrhundert auch die Engländer, die seinerzeit auf den Balearen Fuß faßten, die einheimischen Rezepte aufgriffen und britisch »verfeinerten«.

Nach Berichten über Schlachtfeste auf den Balearen muß es in verflossenen Zeiten recht feucht-fröhlich zugegangen sein. Spezialität war eine aus den Schlachtresten und Reis gekochte Mahlzeit, wozu reichlich Wein getrunken wurde, und gegen Ende dieser bäuerlichen Schlachtfestessen erhielt jeder Gast eine kräftige Portion mit auf den Heimweg: Wurst, Leber, Speck und Filetstücke konnte er einpacken. Schwein gehabt, wird sich da so mancher Gast gesagt haben.

Abbildung links: Eicheln sind die Lieblingsnahrung des »Cerdo Ibérico«. Sie verleihen dem Fleisch einen unverwechselbaren Geschmack.

Abbildung unten: Vom Schinken bis zum Schmalz – in der balearischen Küche wird fast alles vom Schwein verwendet.

CALDERETA DE LANGOSTA

Langusten nach menorquinischer Art

Für 2 Personen:

1 Zwiebel
300 g grüne Paprikaschoten
½ kg Tomaten
¼ l Öl
1 kg Langusten
Salz
6 Knoblauchzehen
1 Bund Petersilie
3 Eigelb von hartgekochten Eiern
1 EL Mehl
100 g Weißbrot

Wein: ein sehr körperreicher Weißwein, z. B. aus Rueda, La Mancha

Zwiebel schälen, Paprikaschoten waschen und putzen. Mit den Tomaten sehr klein hacken und in einem Schmortopf in Öl dünsten.
Die Langusten in kleine Stücke schneiden. Sobald das Gemüse weich ist, die Langusten, etwas Salz und ½ Liter Wasser hinzufügen und zum Kochen bringen.
Inzwischen die Knoblauchzehen schälen, die Petersilie fein hacken. Mit den Eigelben im Mörser zerstoßen. Das Mehl mit 1 Eßlöffel von der Brühe anrühren und untermischen. Die Eigelbpaste in die Langustenbrühe geben und höchstens 20 Minuten kochen lassen. Den Topf von der Herdplatte nehmen und das Gericht zugedeckt 6 Minuten nachgaren lassen.
Das Brot in dünne Scheiben schneiden und auf zwei tiefe Teller verteilen. Darauf die Langusten mit der Brühe servieren.

TOMBET DE PEIX

Fischauflauf mit Gemüse

500 g Fischfilet (Seeteufel, Heilbutt, Seehecht)
Salz
1 Zitrone
¼ l Öl
1 kleines Glas Weißwein
4 mittelgroße Kartoffeln
2 große Auberginen
3–4 EL Mehl
2 große, rote Paprikaschoten
1 mittlere Zwiebel
1 Knoblauchzehe
3 große Tomaten
etwas gemahlener Zimt
2 schwachgehäufte TL Zucker

Wein: ein trockener Weißwein, z. B. aus Valdeorras

Den Fisch in kleine Stücke schneiden. In eine ofenfeste Form legen, mit Salz, Zitronensaft, einem Schuß Öl und Weißwein würzen und im Ofen bei 180 Grad zugedeckt weich garen.
Die Kartoffeln schälen, in Scheiben schneiden, salzen und in wenig Öl anbraten. Dabei die Pfanne mit einem Deckel verschließen. Nun die Auberginen wie die Kartoffeln

zubereiten und vor dem Fritieren in Mehl wenden. Die Paprikaschoten waschen, putzen und zuerst in Öl anbraten, dann in größere Stücke schneiden, salzen und zusammen mit den Kartoffeln und Auberginen weiterdünsten, bis der Fisch im Ofen weich ist.
Inzwischen die Sauce zubereiten: Zwiebel und Knoblauch schälen, fein hacken und zusammen mit dem Lorbeerblatt in einer Pfanne mit dem übrigen Öl goldgelb anbraten. Inzwischen die Tomaten kleinschneiden und in die Pfanne geben. Mit Salz, etwas Zimt und Zucker würzen und das Ganze etwa 20 Minuten weiterdünsten. Nach und nach die Brühe hinzufügen, die sich beim Weichkochen vom Fisch gebildet hat. Nun die Sauce durch ein Sieb passieren. Sie sollte eher dick- als dünnflüssig sein. In eine feuerfeste Form die Zutaten in folgender Reihenfolge schichten:
- die Hälfte der Kartoffeln
- die Hälfte des Fisches
- ein Drittel der Auberginen und Paprikaschoten
- die restlichen Kartoffeln
- den restlichen Fisch
- die restlichen Auberginen und Paprikaschoten

Jede Schicht salzen und das Gericht mit der Sauce übergießen. Bei mittlerer Hitze etwa 20 Minuten im Ofen fertiggaren. In der Form servieren.

LENTEJAS CON SOBRASADA

Linsen mit Paprikawurst

1 kg Linsen
Salz
150 ml Olivenöl
1 kleine Zwiebel
250 g Paprikawurst

Wein: ein körperreicher Rotwein, z. B. aus Jumilla

Die Linsen 2 Stunden lang einweichen und dann in reichlich Salzwasser weich kochen.
In einer Pfanne das Öl erhitzen. Die Zwiebel schälen, fein würfeln und darin anbräunen. Die Paprikawurst hinzufügen und zwei Minuten braten. Die abgetropften Linsen untermischen. Wenn nötig, noch etwas Wasser hinzufügen. Die Konsistenz des Gerichts darf dabei allerdings nicht zu flüssig werden.

SOPA SECA MALLORQUINA

Mallorquinische Kohlsuppe

In Mallorca unterscheidet man zwei Arten von Suppen: »sopas liquidas«, flüssige Suppen und überraschenderweise auch »sopas secas«, trockene Suppen. Letztere gelten als die mallorquinischen Suppen schlechthin. Jahrhundertelang waren sie das Hauptnahrungsmittel der bäuerlichen Bevölkerung auf den Balearen. Das folgende Rezept zeigt die klassische Zubereitungsart, nämlich mit dem für Mallorca so typischen salzlosen Brot. Natürlich kann statt dessen auch gesalzenes Brot verwendet werden, wodurch dieses uralte, sehr beliebte Gericht zwar eine andere geschmackliche Note erhält, jedoch nicht seinen Reiz verliert.

150 ml Öl
2 große Zwiebeln
2 Knoblauchzehen
1 mittelgroße Paprikaschote
3 reife, mittelgroße Tomaten
1 Bund Petersilie
1 Kohlkopf
1 salzloses Weißbrot, in Scheiben geschnitten

Wein: Weißwein oder Rosé, z. B. aus Alella

Zwiebeln und Knoblauch schälen und fein hacken. Paprika waschen, putzen und fein würfeln. In einem Schmortopf in Öl anbraten. Tomaten überbrühen, häuten, Kerne entfernen und das Fruchtfleisch würfeln. Petersilie kleinhacken. Sobald die Zwiebeln goldgelb sind, Tomaten und Petersilie hinzufügen und weiterdünsten. Den Kohl vierteln, kleinschneiden und anschmoren. Mit 1 Liter kochendem Wasser auffüllen und so lange kochen, bis der Kohl weich ist. Mit Salz abschmecken. In einen flachen Tontopf abwechselnd Weißbrotscheiben und Kohlgemüse schichten. Mit Brühe übergießen, bis das Weißbrot gut durchtränkt ist, und mit einem Schuß Olivenöl würzen.

PAVO DE NAVIDAD

Weihnachtstruthahn

1 küchenfertiger Truthahn, ca. 2,5 kg schwer
1 Kalbshaxe
800 g gemahlene Mandeln
200 g gemahlene Haselnüsse
600 g Zucker
Zimt
Pfeffer

Den Truthahn und die Kalbshaxe mindestens 2 Stunden mit Wasser bedeckt weich kochen, so daß man eine kräftige Brühe erhält. Den Truthahn aus der Brühe nehmen und in Alufolie eingewickelt im Backofen bei 100 Grad warm halten. Die Kalbshaxe ebenso herausnehmen, abkühlen lassen und die Brühe entfetten. Die Mandeln in einer trockenen Pfanne rösten und abkühlen lassen. Mandeln, Haselnüsse, Zucker, Zimt und Pfeffer in die Brühe einrühren und eine dickflüssige Sauce kochen. Durch ein feines Sieb passieren, den Truthahn damit begießen.

FLAÓ

Käsekuchen

Für 6–8 Personen:

Für die Füllung:
4 Eier
250 g Zucker
500 g Frischkäse
einige Blätter Minze
1 Schnapsglas Anislikör

Für den Teig:
1 Ei
200 g Mehl
20 g Zucker
2 EL Milch
50 g Schmalz
1 Prise Bierhefe
1 Prise Anissamen

Für die Füllung Eier und Zucker schaumig schlagen. Dann den Frischkäse, die gehackten Minzeblätter und den Anislikör unterrühren.
Für den Käsekuchenboden Ei, Mehl, Zucker, Milch, Schmalz und Hefe auf ein Backbrett geben und mit den Händen zu einem geschmeidigen Teig verkneten. Dann die Anissamen unterkneten. Den Teig ausrollen und in eine gefettete, runde Kuchenform legen und einen Rand hochdrücken. Die Füllung auf dem Teigboden verteilen und den Kuchen im auf 180–200 Grad vorgeheizten Backofen backen.

ENSAIMADA

Hefeteigschnecken

Das Wort »ensaimada« ist abgeleitet von »saïm«, was soviel heißt wie tierisches Fett. Auf Mallorca wird zur Herstellung von »ensaimada« nämlich immer Schweineschmalz verwendet.

40 g frische Hefe
200 ml Milch
5 Eier
1 kg Mehl
etwas Salz
200 g Schweineschmalz
100 g Puderzucker zum Bestäuben

Wein: ein edler Dessertwein, z. B. ein Sherry oloroso

Die Milch zimmerwarm werden lassen. Die Hefe darin auflösen. Die Eier kräftig verschlagen und zusammen mit dem Mehl und einer Prise Salz in die Hefemilch geben. Die Zutaten mit den Händen oder der Küchenmaschine gründlich verkneten. Die Schüssel mit einem Küchentuch abdecken und den Teig an einem warmen Ort zugedeckt gehen lassen, bis er das Doppelte seines ursprünglichen Volumens erreicht hat.

Den gut aufgegangenen, lockeren Teig zu einer langen Rolle formen und mit Schweineschmalz bestreichen. Die Teigrolle in Stücke schneiden, Schnecken formen und mit genügend Abstand auf das Backblech legen.
Noch einmal 15 Minuten gehen lassen. Die Hefeteigschnecken im auf 200 Grad vorgeheizten Backofen etwa 25 Minuten goldgelb backen. Vom Blech nehmen und mit Puderzucker bestreuen.

KANARISCHE INSELN

KANARISCHE INSELN

Die Kanaren zeigen auf engstem Raum völlig unterschiedliche Seiten: die Sanddünen von Lanzarote in knallender Sonne, Regenwälder auf den Berggipfeln von La Gomera, die im Nebel verschwimmen; die grünen Calderas von La Palma; die sanften und wilden Strände von Gran Canaria; die weiten Talauen von Teneriffa und der schneegekrönte Teide-Gipfel, immerhin der höchste Berg Spaniens.

Ewiger Frühling prägt diese bezaubernde Inselgruppe vor der Küste Afrikas. Wegen kulinarischer Sensationen fliegt wohl kein Urlauber nach Lanzarote, Teneriffa oder La Gomera. Und dennoch sollte man die naturgemäß spanisch inspirierten Spezialitäten nicht verachten. Wer schon einmal auf den Kanaren war – und wer war dies nicht –, der weiß, daß wie überall an den touristischen Brennpunkten dieser Erde auch auf Gran Canaria und sogar auf El Hierro das universelle Einheitsmenü weiter auf dem Vormarsch ist.
Gegen die Schnitzel- und Steakparade, gegen Fast food und Pizza haben es allerorten die Regionalküchen sehr schwer. Warum sollte dies auf den Kanaren anders sein, wo es doch selbst im Mekka der Feinschmecker, in Frankreich und Italien, ganz bedenkliche Nivellierungserscheinungen gibt?

Zum Glück finden sich auf fast allen Kanarischen Inseln immer noch unwegsame Bergregionen, die so leicht nicht umzukrempeln sind. Und dort, weitab von den problemlos anzusteuernden Buszielen, werden in bescheidenen, äußerlich überhaupt nicht herausgeputzten Gast-Stätten Gerichte gekocht und serviert, die bodenständig schmecken und überhaupt erst zeigen, daß es eine typisch kanarische Küche gibt.

Ein auf den Kanaren beliebtes und ganz einfaches Gericht sind Kartoffeln, die in der Schale im Meerwasser gekocht und mit »Mojo« sowie einem kräftig-herben Rotwein serviert werden.

Besonders geschmackvoll sind zwei kanarische Produkte, die nur ausnahmsweise in den Regalen deutscher Supermärkte landen: Mineralwasser aus Gran Canaria und Bananen aus La Gomera. Kanarische Bananen sind zwar viel kleiner als ihre berühmteren amerikanischen Schwestern – vom Geschmack her aber können sie allemal mithalten. Und dies gilt wohl insgesamt für die kanarische Küche: mehr Sein als Schein.

Abbildung Seite 144/145: Das Anaga-Gebirge im Norden Teneriffas.

Abbildung rechts: Kleine, besonders aromatische Bananen zählen zu den Hauptanbauprodukten der Kanarischen Inseln.

Gofio, Süßspeisen, Wein und Früchte

Die Küche der Kanarischen Inseln kommt nur dem Uneingeweihten spanisch vor. In Wirklichkeit sind ihre Traditionen fest auf diesen landschaftlich so kontrastreichen Inseln verwurzelt. Natürlich trägt – je nach Wetterseite, Höhenlage und Bodenbeschaffenheit – die völlig unterschiedliche Fruchtbarkeit der einzelnen Inseln sehr zum Inhalt der Kochtöpfe und Pfannen bei.
Beim ersten Biß kann dem Feinschmecker die kanarische Küche durchaus exotisch vorkommen. Exotisch, weil ungewohnt. Dies hängt in erster Linie mit einer eigenständigen Entwicklung der kanarischen Kultur zusammen: weit vom spanischen Mutterland entfernt, dort, wo für den griechischen Geschichtsschreiber Herodot von Halikarnassos die damals bekannte Welt endet, dort, wo sich nach der griechischen Mythologie der Garten der Hesperiden befand, dort, wo Atlas den Himmel geschultert haben soll, konnten überseeische Einflüsse bis in die Neuzeit kaum wirksam werden.
So unterschied sich in der Vergangenheit die Küche der Kanaren grundsätzlich von der auf der Iberischen Halbinsel. Dies änderte sich zwar seit dem 15. Jahrhundert, nachdem spanische Eroberer die Inselgruppe vor der marokkanischen Küste in Besitz genommen hatten, doch Eigenständigkeit und Originalität blieben Trumpf.
Die kanarischen Ureinwohner, die Guanchen, waren ein einfaches, armes Volk. Es ernährte sich in erster Linie vegetarisch; tierische Fette und Produkte kamen ganz selten auf den Tisch, und auch Fischgerichte spielten eine untergeordnete Ausnahmerolle.
Die Guanchen kultivierten vor allem Gerste und Bohnen, da sie andere Getreidearten oder Hülsenfrüchte auf ihren abgeschiedenen Inseln nicht kannten.
So erfanden die kanarischen Einwohner ein Rezept, das es nur hier gab: den Gofio. Seine Zubereitung ist einfach, erfordert freilich viel Handarbeit. Die Gerste wurde zuerst auf dem Feuer geröstet und dann gemahlen. Aus diesem Mehl bereiteten die Guanchen unter Beifügung von Fett, Wasser und/oder Milch den Gofio. Er war ihr Brot, konnte aber auch als Beilage zu anderen Gerichten verwendet werden. Nimmt man es genau, dann handelt es sich bei dem Gofio um eine Variante des nordafrikanischen Couscous, der ja seinerseits wieder auf der römischen Polenta basieren dürfte.
Noch heute ist der für die kanarischen Ureinwohner so typische Gofio ein wichtiger Bestandteil ihrer Küche. Naturgemäß war seine Zubereitung seit der Eroberung der Inselwelten durch die spanischen Konquistadoren verändert, wenngleich nicht auf den Kopf gestellt.
Nach westafrikanischem Vorbild – Marokko liegt aus kanarischer Sicht im Unterschied zum spanischen Festland ja sozusagen vor der Haustür – verpflegten sich die Bauern während der Arbeitspausen selbst. So trugen sie das Gofio-Mehl in einem mit Ziegenleder gefütterten Beutel aufs Feld und bereiteten ihr Hauptnahrungsmittel erst kurz vor dem Verzehr zu. Das Gofio-Rezept lautet folgendermaßen: das Mehl wird im Beutel mit Wasser oder Milch vermischt, und anschließend kneten die Bauern den Klumpen im Beutel so lange, bis ein dicker, kompakter Teig entstanden ist. Er kann pur als herzhaftes Brot verzehrt werden, schmeckt mit diversen Zutaten (Tomaten, Bananen, Gewürzen, Wurst) mal pikant, mal süß. Auch tunken die Kanaren ihren Gofio in die Suppe ein, und er eignet sich sogar dazu, in Rotwein aufgelöst zu werden.
Darüber hinaus kann man sich den Gofio auch in weiteren Variationen zubereiten. Zum Beispiel als »fritango«, eine Art Omelette, das vermutlich auf mexikanische Einflüsse zurückgeht. Beliebt sind auch die »frangollos«.

eine Süßspeise, die aus Maismehl, Milch und Honig zubereitet wird.
Abgesehen vom Gofio, zählt die scharfe Sauce Mojo zu den kanarischen Charakteristika. Diese gibt es in vielen verschiedenen Variationen, sehr oft wird diese Salattunke mit Paprika und Knoblauch komponiert. Und wer es etwas milder liebt, nimmt Petersilie statt Paprika.
Die meisten Fischgerichte kommen auf den Kanarischen Inseln mit Mojo auf den Tisch. Als Mojo colorado sorgt er für scharfe Gaumenfreuden: im Mörser werden Salz, Knoblauch, Pfefferschoten, Kümmel, Paprika, Öl und Essig zerstampft und verrührt. Solch eine Tunke paßt zu gekochtem Fisch genauso wie zu gebratenen Sardinen.

Typisch für die kanarische Küche ist der Schleimfisch, der viejas, dessen äußerst zartes Fleisch Sorgfalt und Können voraussetzt. Und zur »sancocho«, dem ebenfalls bekannten Fischgericht, werden Süßkartoffeln serviert. Der Pulpo wird im Wasserkessel gekocht, mit Olivenöl übergossen und mit rotem Paprika bestreut.
Auch Süßspeisen spielen in der kanarischen Küche eine wichtige Rolle. »El bienmesabe« – klingt das nicht wie eine Verheißung? Dieser Nachtisch wird aus Mandeln, Eiern, Zucker und Löffelbiskuits komponiert; genauso berühmt ist »el ñame«, die Januswurzel mit Zuckerrohrsirup, wie das delikate »pan de cuajada«, ein mit Frischkäse zubereitetes Gebäck.

Abbildung links:
Nur in geschützten Mulden auf vulkanischer Erde kann auf Lanzarote Wein gedeihen.

Abbildung unten (1.):
Mittels Kanälen wird das Land bewässert.

Abbildung unten (2.):
Der »Pico del Teide« ist vulkanischen Ursprungs und gilt als höchster Berg Spaniens.

SANCOCHO CANARIO

Kanarischer Fisch

400 g Sama
oder Seewolf
400 g Kartoffeln
Salz
2 Knoblauchzehen
½ TL Kümmel
1 kleines Stück Pfefferschote
1 TL Pfeffer
4 EL Öl
2 EL Essig

Die Kartoffeln waschen, schälen und in mittelgroße Stücke schneiden. Dann einige Minuten in Salzwasser (knapp bedeckt) kochen. Den Fisch ebenfalls in Stücke schneiden und zufügen. Bei kleiner Hitze weich kochen. Unterdessen die Knoblauchzehnen schälen und mit etwas Salz, Pfefferschote und Kümmel im Mörser zu einer feinen Paste zerstoßen. Vorsichtig Pfeffer und Öl unterrühren. Zum Schluß mit etwas Essig abschmecken.
Sobald Kartoffeln und Fisch weich gekocht sind, das Wasser abgießen. Auf einer Platte anrichten.

SOPA DE PESCADO

Kanarische Fischsuppe

1 kg küchenfertige Fische
(»sama« und Seewolf)
2 mittelgroße Tomaten
2 mittelgroße Zwiebeln
Salz, Pfeffer
einige Safranfäden
Brot vom Vortag
Kräuter (Majoran,
Thymian)
2 Kartoffeln
1 Bund Petersilie
50 g geschälte Mandeln
4 Knoblauchzehen

Tomaten mit kochendem Wasser übergießen und einige Minuten ziehen lassen. Dann häuten und das Fruchtfleisch würfeln. Zwiebeln schälen und in feine Ringe schneiden. Beides mit etwas Salz, Kümmel und den Kräutern mit 1,5 Liter Wasser aufsetzen. Sobald das Wasser kocht, die geschälten und in Stücke geschnittenen Kartoffeln hinzufügen. Den Fisch kleinschneiden. Safranfäden im Mörser zerstoßen. Sobald die Kartoffeln halb weich sind, beides in die Brühe geben und leise köcheln lassen. Für die Kräuterpaste die Petersilienblättchen, Mandeln und Knoblauchzehen hacken.
Inzwischen das Brot in dünne Scheiben oder Würfel schneiden und auf vier Teller verteilen. Sobald der Fisch gar ist, die Suppe abschmecken und über das Brot geben. Mit der Kräuterpaste und Weißbrot sofort servieren.

GUISO DE CONEJO ESTILO CANARIO

Kanarisches Kaninchen

1 küchenfertiges Kaninchen, ca. 1 kg schwer
100 g Semmelbrösel
½ l lauwarme Milch
100 g fetter Bauchspeck
1 Bund Petersilie
100 g Knochenmark vom Rind
Salz, Pfeffer
200 g durchwachsener Speck in Scheiben
1 Glas Weißwein
500 g Zwiebeln
3 Gewürznelken

Das Kaninchen waschen und mit Küchenkrepp gut abtrocknen. Für die Füllung Semmelbrösel in Milch einweichen. Den fetten Bauchspeck, Petersilie und das Knochenmark fein hacken. Salzen, pfeffern und mit der Milch und den Semmelbröseln zu einer dicken Paste verarbeiten. Das Kaninchen damit füllen, zunähen und kräftig mit Salz einreiben.
Den Boden eines ovalen Bräters mit den durchwachsenen Speckscheiben auslegen und das Kaninchen daraufgeben. Mit dem Wein übergießen und bei 175 Grad im vorgeheizten Backofen 1½ Stunden braten. Das Kaninchen während der Bratzeit mehrmals wenden.
Zwiebeln schälen und in dünne Ringe schneiden. Zusammen mit den Gewürznelken, etwas Salz und wenig Wasser weichkochen. Gewürznelken entfernen und die Zwiebeln durch ein Sieb passieren. Das dickliche Zwiebelpüree mit Salz abschmecken. Das Kaninchen aus dem Ofen nehmen. Vor dem Anrichten auf einer großen Platte müssen die Fäden entfernt werden. Danach mit dem Bratensaft übergießen und das Zwiebelpüree darübergeben.

PUCHERO CANARIO

Kanarischer Eintopf

400 g Rindfleisch
200 g Schweinespeck
100 g Paprikawurst
100 g Blutwurst
200 g Kichererbsen
Salz
100 g Birnen
100 g Kohl
150 g Kürbis
100 g weiße Bohnen
200 g Kartoffeln
100 g Bataten (Süßkartoffeln)
1 zarter Maiskolben
Safran
1 Gewürznelke
3 Knoblauchzehen

Fleisch, Speck, Paprikawurst, Blutwurst und Kichererbsen einen Tag lang wässern. Das Wasser abgießen und die gewässerten Zutaten mit 3 Tassen frischem Wasser und Salz in eine Tonform geben. Das Ganze bei schwacher Hitze im Backofen etwa 30 Minuten ziehen lassen.
Birnen schälen und würfeln, den Kohl und Kürbis ebenfalls kleinschneiden. Birnen, Kohl, Kürbis und weiße Bohnen anschließend dazugeben und weitere 2 Stunden ziehen lassen. Nun erst die Kartoffeln, Bataten und Maiskolben dazugeben und nochmals 25 Minuten garen. Zum Schluß den Safran, die Nelke und die im Mörser zerstoßenen Knoblauchzehen hinzufügen. Während des gesamten Garprozesses immer darauf achten, daß ausreichend Wasser in der Form ist. Gegebenenfalls Wasser nachgießen.

PLÁTANOS AL RON

Kanarische Rumbananen

100 g Butter
8 feste Bananen
2 Schnapsgläser Rum
6 EL Zucker
Saft von 1 Zitrone

Butter in einer feuerfesten Form zerlassen. Die geschälten Bananen hineingeben, mit Zitronensaft und Rum beträufeln und mit Zucker bestreuen. Ca. 12–15 Minuten im Ofen bei 180–200 Grad überbacken. Dabei mehrmals mit dem eigenen Saft übergießen. Heiß auf den Tisch bringen.

CREMA AL RON

Rumcreme

½ l Vollmilch
1 Zimtstange
4 Eigelb
4 EL Zucker
3 TL Mehl
2–3 EL brauner Rum

Die Milch mit der in Stücke gebrochenen Zimtstange in einem Topf langsam erhitzen. Dann bei kleiner Hitze 5 Minuten ziehen lassen.
Eigelb und Zucker mit dem Handrührer auf höchster Stufe hellgelb und dickschaumig aufschlagen. Mehl zufügen und unterrühren. Heiße Milch durch ein feines Sieb zur Eicreme gießen, unterrühren und die Mischung in den Topf füllen. Bei mittlerer Hitze so lange durchrühren, bis die Eimilch cremig wird. Rum zufügen. Bei kleiner Hitze noch einige Minuten weiterrühren. Dann den Topf vom Herd nehmen und die Rumcreme ganz abkühlen lassen. Ab und zu umrühren, damit sich auf der Creme keine Haut bildet. Die Rumcreme in Dessertschüsseln oder hohe Gläser füllen und kalt stellen. Mit Löffelbiskuits und frischen Feigen servieren.

Spanische Weine – ein Überblick

»Comer sin vino, comer mezquino« – »wie armselig ist ein Essen ohne Wein«, sagen die Spanier. Kein Wunder bei der Vielfalt an exzellenten Tropfen, die im Weinland Spanien wachsen. Sollten Sie noch Vorurteile gegenüber spanischen Weinen haben – werfen Sie sie getrost über Bord. Derzeit wächst im Weinland Spanien eine Generation von jungen Winzern und Kellermeistern heran, die feine Rotweine und frische, junge Weißweine erzeugen. Einige Erzeuger experimentieren mit modernen, internationalen Rebsorten, andere gehen zurück zu den spanischen Wurzeln. Beide Wege führen zum Ziel. Ergebnis ist eine breite Palette charaktervoller Weine von internationalem Niveau. Das einzige, was an den spanischen Weinen gleich geblieben ist, sind die niedrigen Preise. So findet man bis heute viele große Rotweine aus der Rioja und anderen spanischen Anbaugebieten zu Preisen, von denen Bordeaux- oder Burgunder-Fans nur träumen können. Spanien ist ein Weinland mit ungeheurem Potential, das zu abenteuerlichen Entdeckungsreisen in vinologisches Neuland einlädt. Um sicherzugehen, einen der »modernen« Spanier einzukaufen, sollte man sich allerdings im Weinfachhandel beraten lassen. Die folgenden Stichworte sollen einen kleinen Überblick rund um den spanischen Wein geben und dazu anregen, mal den einen oder anderen »Spanier« zu probieren!

Anbaugebiete

Die Rioja mit ihren Spitzenrotweinen, Jerez in Andalusien mit seinen unvergleichlichen Sherrys, Navarra mit seinen Roséweinen, die zu den besten der Welt gehören und das Penedés mit seinen frischen, jungen Weißweinen und dem Cava – das sind die bekanntesten und renommiertesten spanischen Weinbaugebiete. Doch Spanien hat mehr zu bieten. Die Namen der insgesamt 34 anerkannten spanischen Anbaugebiete, die sogenannten »Denominaciones de Origen« (D. O.-Gebiete), die über das ganze Land verteilt sind, sollte man sich jetzt schon merken.
In Ribera del Duero, der »Toskana« Spaniens, im Nordwesten der iberischen Halbinsel, wachsen einige der berühmtesten Tropfen, die Spanien zu bieten hat. Von dort kommen z. B. die weltbekannten Weine der Bodega Vega Sicilia. In den benachbarten Anbaugebieten Rueda, Toro und El Bierzo werden neben leichten, frischen Weißweinen, die in ihrem Charakter oft an deutsche Weißweine erinnern, charaktervolle Rot- und Roséweine gemacht. In Produktionsgebieten wie Valencia, der Mancha im Zentrum Spaniens, wo sich mit ca. 480 000 ha Weinbergen das größte zusammenhängende Weinbaugebiet der Welt erstreckt und dem benachbarten Valdepeñas, ist die Weinbranche in Aufbruchstimmung. Dort werden zunehmend junge, frische Weiß-, Rot- und Rosé-Qualitätsweine auf die Flasche gebracht, die von Frucht und Aroma her viele vins de pays im Schatten stehen lassen – und das zu konkurrenzfähigen Preisen.

Barricas

Spanien gehört zu den Weinbau-Ländern, die die alte Tradition des Weinausbaus im Holzfaß pflegen. Das Holz, aus dem auch in Spanien die besten Weinfässer geschnitzt sind, stammt von der Eiche. Aus ihr wandern Gerbsäure, Duftstoffe und der charakteristische Holzgeschmack in den Wein. In den großen Rotweingebieten Spaniens werden die Barricas – vergleichbar den französischen Barriques – mit einem Fassungsvermögen von 225 Litern etwa fünf bis zehn Jahre lang genutzt. Während der mehrjährigen Lagerzeit werden die großen Rotweine mehrmals in Fässer verschiedenen Alters umgelagert. Wie das im einzelnen geschieht, gehört zu den »Betriebsgeheimnissen« jeder Bodega. Schließlich läßt sich dadurch der Charakter jedes Weins individuell prägen.

Cava

Cava, das ist das prickelndste Vergnügen aus spanischen Weinbergen. Der Qualitätsschaumwein wird nach der methode champenoise hergestellt; die Cava-Spitzenqualitäten stehen ebenbürtig neben den großen Champagnern – und sind trotzdem etwas völlig eigenständiges. Böden, Klima und Rebsorten der D. E. (Denominacion Especifica), dem Anbaugebiet, aus dessen Grenzen die Trauben stammen dürfen, prägen den typischen Cava. Heute steht der Name Cava für ein breites Angebot an feinen Schaumweinen, angefangen von den spritzigen »Brut natures« über die eleganten, trockenen Jahrgangs-»Extra Bruts« bis zu den weichen Halbtrockenen, den »Semi-secos«.
Cava serviert man in Sektflöten. Die ideale Temperatur für die »bruts« oder »brut natures« liegt bei 6°, während die lieblicheren, halbtrockenen sogar noch kühler, bei etwa 4° getrunken werden. Die trockenen Cavas sind die idealen Begleiter von Geflügel, Schaltieren und Fisch. Die lieblichen hingegen eignen sich besser als feine Dessertweine.

Consejo

Jedes Anbaugebiet wird von einem regionalen Consejo Regulador (Kontrollausschuß), einer regionalen Weinbaukommission verwaltet, der alle regionalen weinbaulichen Fragen regelt und für die Einhaltung und Umsetzung der Rahmenbedingungen und Qualitätsnormen zuständig ist, die das Weingesetz vorschreibt. Dabei wird die Arbeit der Consejos auf nationaler Ebene durch das »Nationale Institut für Ursprungsbezeichnungen« (INDO) unterstützt, das die Arbeit der Consejos koordiniert und sie in allen entscheidenden Fragen berät.

Qualitätskontrolle

Wenn die Spanier im Gegensatz zu fast allen anderen großen europäischen Weinbauländern von Weinskandalen bisher verschont blieben, so liegt das sicherlich auch an ihrem vorbildlichen System der Weinkontrolle: Das spanische Weingesetz definiert Qualitätskriterien und Kontrollbestimmungen, die zu den strengsten in Europa gehören. Darin ist nicht nur festgelegt, welchen analytischen Anforderungen bestimmte Qualitätsstufen entsprechen müssen, welche kellertechnischen Herstellungsverfahren angewandt werden dürfen und welche Rebsorten zu Wein verarbeitet werden dürfen – daneben werden darin u. a. auch die technischen Aspekte der Weinvermarktung geregelt, Höchsterträge pro Hektar festgelegt und zugelassene Ausbauverfahren definiert. Der Gesichtspunkt des Verbraucherschutzes spielt dabei eine entscheidende Rolle. Jede Flasche Wein erhält ein Siegel mit einer Nummer, so daß bei Beschwerden der Weg bis zum Winzer zurückverfolgt werden kann.

Qualitätsstufen

Das spanische Weingesetz definiert auch die verschiedenen Qualitätsweinstufen, bei denen nach Herkunft, Qualitätseigenschaften, Reife und Alter der Weine folgende Klassen unterschieden werden:

Vino de Calidad Das sind einfache, junge Qualitätsweine ohne Reifezeit im Faß oder auf der Flasche. Sie müssen aus Lesegut stammen, das innerhalb der Grenzen der zugelassenen Denominaciones geerntet wurde.

Vino de Crianza Crianza-Weine müssen nach dem spanischen Weingesetz einen Reifeprozeß im Faß und auf der Flasche von mindestens 6 Monaten Dauer hinter sich bringen. Erst dadurch kommen charakteristische Eigenschaften der Weine einer bestimmten D. O. entsprechend zur Entfaltung.

Vino de Reserva Reserva-Weine sind hochklassige Rotweine, die mindestens ein Jahr in Eichenfässern und weitere 2 Jahre auf der Flasche ausgebaut werden. Weiß- und Roséweine werden nur noch selten zur Reserva ausgebaut.

Vino de Gran Reserva Zur Gran Reserva werden schließlich nur die besten Rotweine ausgebaut. Um in diese Kategorie eingestuft zu werden, müssen sie mindestens 2 Jahre im Faß lagern und weitere 3 Jahre in der Flasche. Weiße und Rosé-Weine der Qualitätsstufe Gran Reserva müssen im Faß und auf der Flasche insgesamt 4 Jahre reifen, davon mindestens 6 Monate im Faß. Auch sie sind nur noch sehr selten, da die Verbraucher heute frische, junge Weiß- und Roséweine bevorzugen.

Rebsorten

In Spanien sind mehr als 600 Rebsorten katalogisiert. Die 20 wichtigsten nehmen jedoch ca. 85% der Anbaufläche ein. Die Vielfalt der Rebsorten gibt den spanischen Weinen Charakter und Persönlichkeit. Schließlich hat die Rebsorte mit den größten Einfluß auf die Qualität des Weines. Um Schwerpunkte zu setzen, wird von den regionalen Consejos eine Einteilung in empfohlene, zugelassene und vorübergehend zugelassene Sorten vorgenommen. Bei den »empfohlenen« Sorten handelt es sich in der Regel um Reben, die in der jeweiligen Region eine lange Tradition haben und von daher als typisch für die D. O. bezeichnet werden können.

Rotweinsorten

Tempranillo (Cencibel, Tinto Fino, Ull de Llebre)
Die Tempranillo-Rebe ist die »Mutter« der meisten großen Rioja-Rotweine. Tempranillo-Weine bestechen durch eine kräftige Farbe, eine ausgewogene Säure und ein lebendiges Aroma; ihr Alkoholgehalt liegt normalerweise bei ca. 12%. Eines der sichersten Erkennungsmerkmale ist ihre unverkennbare Blume; sie eignen sich hervorragend für eine langjährige Reifung und Alterung. Die Tempranillo-Traube reift schon Ende September – daher auch die Bezeichnung Frühtraube.

Garnacha Tinta (Garnacho, Lladoner, Tinto Aragones, Grenache)
Diese Rebsorte ist äußerst genügsam und wird in Spanien häufig auf kargen, trockenen und steinigen Böden angepflanzt. Aus ihr entstehen Weine mit blasser Farbe, aber viel Körper, die einen Alkoholgrad von bis zu 16% erreichen. Die kräftigen, gehaltvollen Weine werden oft für Verschnitte genutzt.

Graciano Graciano-Weine profilieren sich durch viel Eleganz, Bouquet und Aroma. Sie sollten jung getrunken werden. In der Regel werden Graciano-Moste allerdings zum Verschnitt eingesetzt – man findet nur selten reine Graciano-Weine. Diese Traubensorte ist in den ältesten Weinbergen zu finden und nicht mehr sehr häufig; sie gilt als einer der »Urtypen« unter den spanischen Rebsorten.

Mazuelo (Cariñena) Diese robuste Sorte mit einem Alkoholgehalt zwischen 11,5% und 13,5% ist reich an Tanin und Gerbstoffen. In Verschnitten wird sie in kleinen Mengen zur Intensivierung der Farbe und zur Verlängerung der Reifezeit (geringe Oxydationsempfindlichkeit!) genutzt.

Weißweinsorten

Viura (Macabeo, Alcanon) Diese frische, aromatische Traube hat sich unter den weißen Rebsorten zur wichtigsten Art entwickelt. Sie ist sehr ergiebig und wird für die Herstellung von frischen, fruchtigen Weinen mit ausgewogenem Säureverhältnis und einem Alkoholgehalt von ca. 11% verwendet.

Parellada Die Parellada ist eine sehr widerstandsfähige Rebe, die in gebirgigen Regionen, z. B. in den hohen Lagen des Penedés ihre idealen Bedingungen findet. Rebsortenweine aus der reinen Parellada sind fruchtig und aromatisch, häufig mit einem für spanische Weine recht niedrigen Alkoholgehalt zwischen 8 und 10%.

Sherry

Sherry, einer der berühmtesten Weine der Welt, ist auch eines der wichtigsten Exportprodukte Spaniens. Die Deutschen stehen an dritter Stelle der Sherry-Liebhaber in der Welt. Man unterscheidet:

Fino – ein hellgoldener, trockener Wein mit einem Alkoholgehalt zwischen 15 und 17%. Eine besondere Art des Fino ist der **Manzanilla**, der nur an der Küste nahe dem Städtchen Sanlúcar de Barrameda reift. Ein heller, leichter und trockener Wein, mit einem Hauch der salzhaltigen atlantischen Winde.
Amontillado – stammt aus der Familie der Finos. Amontillado ist bernsteinfarben und wird in Deutschland meist halbtrocken angeboten. Sein aromatischer, vollmundiger Charakter macht ihn zur besonders beliebten Sherry-Geschmacksrichtung. Alkoholgehalt etwa 17,5%.
Oloroso – der »Wohlriechende«, wie man in Spanien sagt, ist dunkelgolden, kräftig, von zartem Nußaroma. Auch dieser Sherry ist bei uns überwiegend halbtrocken erhältlich. Alkoholgehalt 18 bis 20%.
Cream – der süßen Variante des Oloroso, wird im Laufe des Reifeprozesses Süßwein zugesetzt. Er ist dunkel, mild und süß, sein Alkoholgehalt liegt zwischen 18 und 20%.

Sherry eignet sich für alle Gelegenheiten. Die »Creams«, bei Zimmertemperatur serviert, zählen zu den feinsten Dessertweinen der Welt und sind ideal nach dem Essen. Die trockeneren Olorosos und Amontillados, leicht gekühlt auf 13°, und die sehr trockenen Finos und Manzanillas, noch kühler – etwa 10° –, sind klassische Aperitivweine.

Spanischer Wein – richtig trinken

Die roten Spitzenqualitätsweine wie Vinos de Crianza, Reservas oder Gran Reservas, edle reife Weine aus Rioja, Navarra und Ribera del Duero z. B. sollen bei Zimmertemperatur ausgeschenkt werden, damit die feinen Nuancen ihres Buketts voll zur Entfaltung kommen. Sie passen zu Fleisch, Wildgerichten und Käse. Die leichteren Roten oder Rosés aus Valdepeñas, La Mancha, Navarra, Valencia, Katalonien und Rioja sowie die trockenen jungen Weißweine aus Penedès, Galicien, Rioja, La Mancha und Valdepeñas sollen leicht gekühlt bei etwa 8–10° serviert werden. Sie harmonieren ausgezeichnet mit Fisch, Schalentieren, Geflügel und Salaten.

Verschnitt

Innerhalb der einzelnen spanischen Anbaugebiete ist es erlaubt und üblich, Weine verschiedener Rebsorten zu verschneiden. Weine, die ausschließlich aus einer Sorte hergestellt werden, sind sogar äußerst selten. Mit dem gekonnten und geschickten Verschnitt von Mosten aus unterschiedlichen Traubensorten und oft auch aus unterschiedlichen Teilgebieten einer Region profilieren sich viele Weinerzeuger, indem sie »ihren« Weintyp kreieren. Die Mischungsverhältnisse sind von Weinkellerei zu Weinkellerei unterschiedlich, vor allem in der Rioja, wo beim Rotwein alle vier Haupt-Traubensorten für Verschnitte verwendet werden. Alle Weine, die für einen Verschnitt benutzt werden, müssen jedoch aus einer D. O. stammen – Verschnitte von Weinen verschiedener D.O.s untereinander sind verboten.

Weinbau in Zahlen

Im langjährigen Durchschnitt werden in Spanien 35 Millionen Hekotliter Wein produziert, was in etwa 10% der jährlichen Weltweinproduktion entspricht. Davon werden in der Regel 40 bis 50% als Qualitätsweine mit Herkunftsbezeichnung (Denominación de Origen) inclusive Sherry und Likörweine ausgebaut; der Rest wird zum größten Teil als Tafelwein vermarktet.

Rezeptregister

DEUTSCH-SPANISCH

SPANISCH-DEUTSCH

DESSERTS

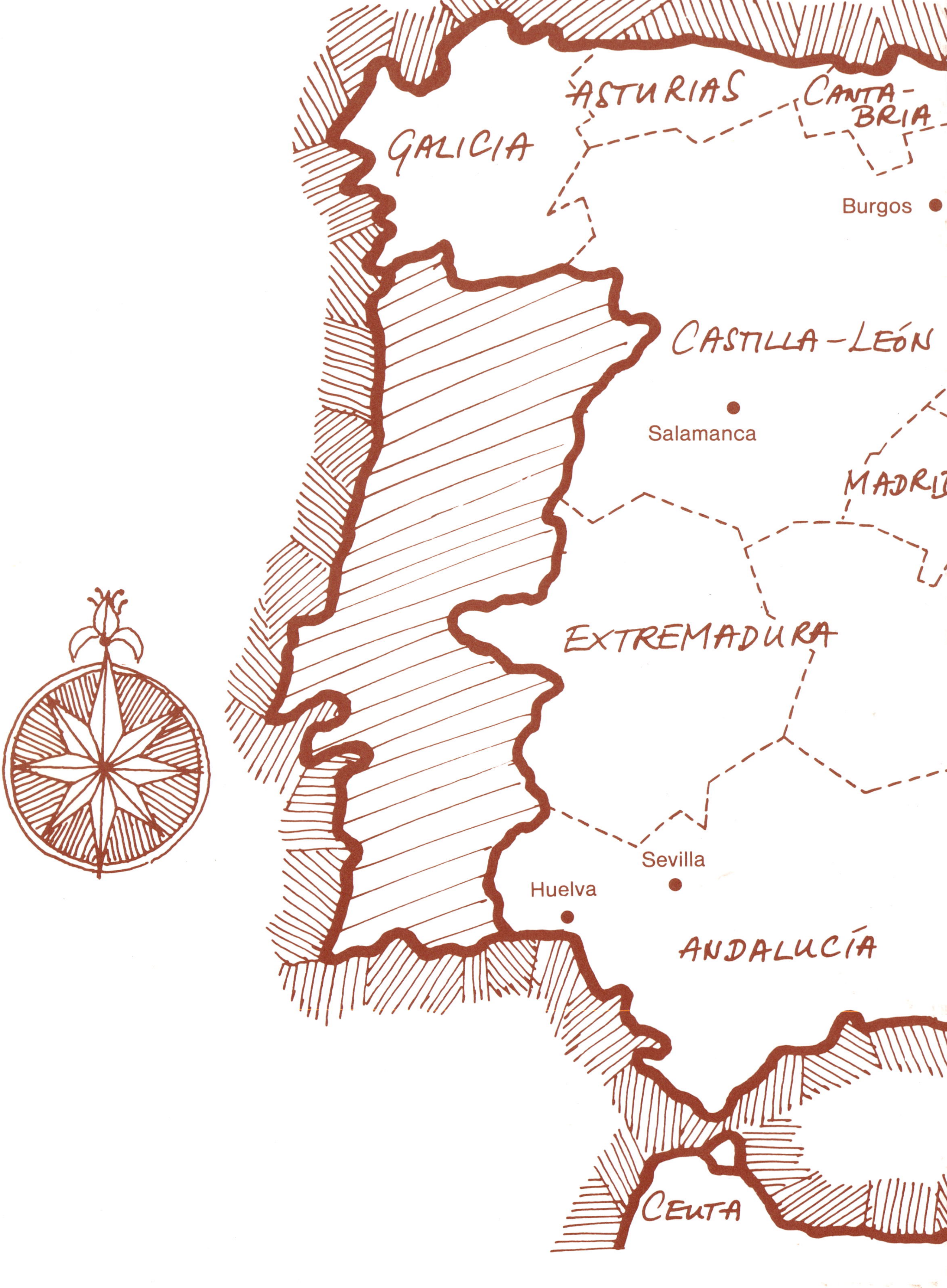
ASTURIAS
CANTABRIA
GALICIA
Burgos
CASTILLA-LEÓN
Salamanca
MADRID
EXTREMADURA
Sevilla
Huelva
ANDALUCÍA
CEUTA